京都人のいつものお昼

柏井 壽

淡交社

はじめに

京都でランチタイム。どこで何を食べればいいか。何度訊《たず》ねられたことか。数え切れないほど繰り返された質問に答え、そのうちのいくつかを本書でご紹介することにした。

多くページを割いたのは、僕が日々ランチに愛用している店である。早くからの予約など要らず、長い行列ができるような店でもなく、思いついたときに、ふらりと店に入り、美味しいランチに舌鼓を打ち、午後からの仕事に備える。僕が「いつもの」と呼ぶのはそんな店ばかりだ。

ここ数年のことだろうか。京都のランチ事情はずいぶんと様変わりした。

しばしば目にするようになったのは、長い行列である。訊《き》けば、ちょっとやそっとでは店に入れないようで、一時間待ちなどはざらなのだそうだ。なんとも物好きなことだと感心するばかりだが、そのほとんどは観光客だと聞いて、「もったいない」という言葉が頭に浮かんだ。せっかくの京都で、食べるためだけに一時間を無為に過ごすとは、なんともったいないことか。うどんだとかお茶漬けだとか、ラーメン、パフェなど、どれも手軽な食べ物であることがミソなのだろう。

たとえ一時間を無駄にしたとしても、その様子を写真に撮り、ＳＮＳに投稿すれば自慢できる。きっとそういう図式だ。

あるいは何か月も先の予約をし、それに合わせて京都旅の日程を組む。そんな話もしばしば耳にする。

たとえ見ておきたい桜の時季を外してしまおうが、些末《さまつ》なことばかりにお構いなしに、ランチの割烹予約を優先する。こちらもまた、「もったいない」と思ってしまう。

旅であろうがなかろうが、京都の街で美味しいものを食べたい、という気持ちはとてもよく分かる。しかしながらそのためだけに時間を費やすのは実に「もったいない」。

きっと余計なお世話だと言われるだろうが、時間とお金を有効に使いつつ、ちゃんと京都ならではの美味しいものを食べられる店をご紹介する。

「いつもの」でありながら、たまの贅沢に最適なお店は、中心街から少し離れた郊外で集めてみた。或《ある》いは、テークアウトのランチもいくつかご紹介することとした。

観光やビジネスで京都を訪れる方だけではなく、京都にお住まいの方にも是非《ぜひ》ご参考にしていただきたい。

「新しくできた」や、「今話題の」、「今人気の」といった店を追いかけるのではなく、「いつもの」と呼べる店を何軒か持っているほうが、間違いなく人生は豊かになる。

もくじ

京都のお昼、どこで何を食べればいいか

【市内中心部】

【京都駅周辺】

【市内北部】

郊外でゆったり過ごす贅沢ランチ

名所で食べるテークアウトご飯

《コラム》

凡　例

本書に掲載した情報は2018年2月現在のものです。
メニューや定価、休日、営業時間等が変更になる場合もありますのでご了承下さい。
また、メニューの価格は税込価格と税別価格が混在しています。
こちらも変更になる場合がありますので、店頭でご確認下さい。
なお、店舗の営業時間のLOはラストオーダーの略です。

京都のお昼、どこで何を食べればいいか

『めん房 やまもと』の中華そば

目立つ表通りより、車も通らぬような路地裏に美味しい店が、ひっそりと佇《たたず》んでいるのが京都の京都たるゆえんである。行き止まりになっていて、通り抜けできない細道を路地《ろーじ》と言い、抜け道になっているそれは図子《ずし》と呼ばれる。路地は私有地になっていることも多く、注意が必要だが、図子の場合はおおむね通り抜けは自由とされている。

京都一のビジネス街である四条烏丸界隈《からすまかいわい》には、そんな図子があちこちにあって、うっかり入り込むと迷い人になりそうで、ラビリンスとして愉しむこともできる。

四条烏丸の交差点を西へ。室町通を越えて更に西へ歩いたあたりに「撞木図子《しゅもく》」と名付けられた細道があり、通称を「ビストロ図子」と呼ばれるほどに飲食店が点在している。

その中に『めん房《ぼう》 やまもと』という店があり、その名が示すように麺類を主として、丼物や定食を揃え、近隣のビジネスマン、ビジネスレディーのオアシスとなっている。

「撞木図子」の一角に暖簾《のれん》がかかり、そこから更に細い路地を伝って、突き当たりに店があるという、いかにも京都らしい佇まいの店だ。

メニューはたくさんあるが、何を食べてもハズレのない店なので、安心して頼める。

空腹を極めているなら小さな蕎麦《そば》が付いた〈とんかつ弁当〉がいい。小腹が空いた程度なら〈中華そば〉がお奨《すす》め。

出汁の効いたあっさりスープに浮かぶもやしは、ていねいにひげ根が取ってあり、これだけで店の誠実さが見てとれる。広道で長い行列を作らせる店ではなく、隠れた細道に暖簾を上げる店でこそ、京のほんまもんを味わえるのである。

中華そば 650 円。スープはうどん、蕎麦の出汁とは別に作られている

めん房 やまもと

京都市中京区新町通四条上ル東入
観音堂町473　（MAP p.107）
☎ 075-255-0856
営 11：00〜20：00（平日）
11：00〜14：00（土曜）
休 日曜　祝日　第3土曜

その他のメニュー

とんかつ弁当	1000 円
名代 天ぷらそば	800 円
にしんそば	850 円
志っぽく	750 円
たぬき	700 円　など

高級割烹かと見まがうアプローチだが、店内には町のうどん屋さんの雰囲気が漂っている

『かふぇ よろず』のインディアンスパゲティ

常々疑問に思っていることがあって、それはカレー料理に「インディアン」という名称が付くことである。かつてイギリスではインド人をインディアンと呼ぶこともあったそうなので、あながち間違いではないのだろうが、ふつうにインディアンといえば、西部劇に出てくるアメリカ先住民をいうはずだ。そしてそのインディアンたちとカレーとは繋《つな》がりが無いはずなのだが。

十年ほど前に閉店してしまったが、木屋町《きやまち》の六角あたりに『インディアン』というカレー専門店があり、僕はその店のカレーの大ファンだった。この店のシンボルデザインはアメリカインディアンそのものだったので、女店主に疑問を投げかけたことがあった。

――どっちでもええがな。インド人もびっくりしてるんやし――

いかにも京都人らしい曖昧《あいまい》な答えに友だちと爆笑したことを、この『かふぇ よろず』の〈インディアンスパゲティ〉を食べると必ず思いだす。

四条烏丸《からすま》近く。船鉾町《ふねぼこちょう》に店をかまえる『かふぇ よろず』は、オムライスやスパゲティ、カレーのアレンジメニューを豊富に揃えていて、ヨロズという名に偽《いつわ》りなく、あらゆる組み合わせやアレンジメニューで、何を食べるかいつも迷いに迷う店である。

ランチタイムは近所のビジネスマン、ビジネスレディーのオアシスと化すので、昼どきを外して出向きたい。何を食べるかは決めずに店に入ったほうがいい。食べたいものがずらりと並んだメニューは目移り必至。即決などできようはずがないからだ。

カレーとスパゲティがこれほどマッチするとは、インド人もきっと知らない。

インディアンスパゲティ 780円（写真はスーパーセット 980円。コーヒー・サラダ・パン付）

かふぇ よろず

京都市下京区新町通綾小路下ル
船鉾町378（MAP p.107）
☎ 075-343-4912
営 7:30〜17:30
（土・日・祝は11:00〜14:00）
休 不定休

その他のメニュー

オムライス（ピラフ味）	700円	
オムカレー（ピラフ味）	850円	
オムハヤシ（ピラフ味）	900円	
オムミート（ピラフ味）	890円	
イタリアンスパゲティ	750円	など

オムライスのライスはそれぞれ「ピラフ味」「ケチャップ味」「カレー味」の３種類がある

『京都北山 元町らーめん』のらーめん

今のように多種多様なラーメン店がない時代に育った僕には、夜更けの屋台で食べたラーメンほど懐かしいものは他になく、郷愁《きょうしゅう》というスパイスが効いているせいか、何よりのご馳走だったように思える。

子どものころは、河原町今出川《かわらまちいまでがわ》を上がったところにある枡形《ますがた》広場に、夜な夜な出ていた屋台で、麻薬にも似た魅惑的《みわくてき》なラーメンにしびれた。この広場には何軒もの屋台が出ていて、それぞれにファンが付いていた。うちの家族のお気に入りはたしか『安さん』という店だったと思う。

しばらくして中学、高校に入ってからは、新町通の北山通を上がったところのガレージに出ていた屋台のラーメンに夢中になった。

家族で行くことは少なくなり、たいていは悪友たちと誘い合って、深夜のラーメンをむさぼり食べた。

その味といえば濃厚を極めた醤油味で、中細のストレート麺が黒く染まるほど真っ黒なスープの一滴も残さず食べ尽くしたことを懐かしく思いだす。

いつしか消え去った屋台の流れを汲《く》む店は、紆余《うよ》曲折《きょくせつ》を経て、繁華街の路地奥にひっそりと暖簾《のれん》をあげている。

黒々としたスープも、たっぷり入ったチャーシューも昔と変わらぬ味わい。もちろん懐かしさなどなくても、京都ならではの旨みを堪能できる。

ラーメン通なる人々が跋扈《ばっこ》し、しち面倒くさい食べ物になりつつあるラーメン。シンプルかつツボを押さえたこういうラーメンに優るものはない、とだけ言っておこう。

らーめん（煮玉子入り）820円。煮玉子なしなら720円

京都北山 元町らーめん

京都市中京区東洞院通錦小路下ル
阪東屋町664-27（MAP p.107）
☎ 075-221-3910
営 11:00〜24:00
休 日曜

その他のメニュー

ちゃーしゅーめん	900円
牛すじらーめん	900円
背油醤油らーめん	720円
担々麺	900円
白らーめん	720円　など

看板の写真は元町小学校近くの屋台だった時のもの。店内にも当時の写真が飾られている

『大丸ファミリー食堂』のナポリタンスパゲティ

僕にとって、ごちそうの原点と言えばデパートの大食堂だ。半世紀以上も前の普通の家庭は、外食など滅多《めった》にないことで、あってもせいぜいが近所のうどん屋くらいのもの。何を食べるかは行く前からだいたい決まっている。

明日はデパートへ行く。そう親から告げられて、最も気になるのはその時間帯。昼前に家を出る。となれば欣喜雀躍《きんきじゃくやく》。眠れない一夜を過ごすことになる。お目当ては大食堂でのランチだ。

前夜、当日の朝、デパートに向かう電車の中。ずっと描いていた光景が目の前に広がっているときの興奮たるや、まさに夢心地。何度もつばを飲み込みながら、食堂入口の横にずらりと並ぶメニューサンプルを、ためつすがめつ眺《なが》めまわしたことを、まるで昨日のことのように思いだす。

あれも食べたい、これも食べたい、と思いながら、哀《かな》しいかな子どもの胃袋などたかがしれている。結局は最大公約数的な〈お子様ランチ〉に落ち着くのが常のこと。

昔はどこのデパートにもあった愚直な大食堂は次々と姿を消し、オシャレなレストラン街に形を変えた。そんな現代にあっても、我が京都の『大丸』にはちゃんと残っているのが嬉《うれ》しい。

当然のごとく〈お子様ランチ〉もあるが、〈大人のお子様ランチ〉もサンプルが並んでいる。僕のお奨《すす》めは昔懐かし味の〈ナポリタンスパゲティ〉。ケチャップ味の具沢山スパゲティは郷愁《きょうしゅう》を誘い、古き佳《よ》き時代を彷彿《ほうふつ》とさせる味わい。

ナポリタンスパゲティ 850 円

大丸ファミリー食堂

京都市下京区四条通高倉西入
立売西町79大丸京都店8F（MAP p.107）
☎ 075-288-6921（直通）
営 11:00～20:00（19:30L.O.）
休 不定休
P 有

その他のメニュー

お子様ランチ	780 円	
大人のお子様ランチ	1680 円	
五目そば	900 円	
海鮮ちらしずし	1500 円	
かつ丼	980 円	など

メニューは和洋中あわせて約 130 種類も！
和洋中、それぞれ別の厨房で調理されている

『イノダコーヒ　四条支店』のハヤシライス

しばしば議論になるのが、ハヤシライスかハイシライスか、どちらが正しいか、だ。

しかしながらこの議論はあっという間に結論が出て、それは前者が正しく、後者は関西訛《なま》りだという答え。

たしかにそうなのだろうが、関西の人間としては納得がいかない。子どものころからハイシライスと刷り込まれていて、略してハイライと言い続けてきたので、ハヤライなんて言いたくないのである。

ハヤシライスといえば、もうひとつ議論になるのがその語源。

『丸善』の創業者である早矢仕有的《はやしゆうてき》が考案したという説や、老舗洋食店のコックの名前から取ったなど、と諸説入り乱れるが、ハッシュドビーフなる西洋料理をアレンジしたことから、ハッシュドが訛ったという説が最も一般的だ。であるなら、ハイシが先で、それが訛ってハヤシになったというほうが自然だろう。つまりハイシライスが正しいのだ。

それはさておき、洋食のライスものでオムライスやカレーライスに比べて、ハヤシライスはなぜか影が薄い。ハヤシライス専門店など聞いたこともないし、メニューに載《の》せている店すらほとんど見当たらない。

しかしながら『イノダコーヒ　四条支店』でひとたびこの〈ハヤシライス〉を食べれば、その深い味わいに誰もがひれ伏し、長きに渡るご無沙汰《ぶさた》を詫びることになる。それほど旨い〈ハヤシライス〉を食べたあとは幸福感に満ち、きっと近いうちにまた食べようと固く心に決める仕儀となる。ハヤシライスブームは、そう遠くなくやって来るはずだ。

ハヤシライス 860円

イノダコーヒ 四条支店

京都市下京区四条通東洞院東入
立売西町66 京都証券ビルB2（MAP p.107）
☎ 075-211-7738
営 10:00〜20:00（B2）
8:00〜19:00（B1）
休 1月1日

その他のメニュー

ビフカツセット	2230円
オムライスハヤシソース	1100円
エビクリームコロッケセット	1800円
オムライス	960円
イタリアン	860円 など

イノダコーヒは京都市内に7店舗あるが、店舗によって若干メニューが変わるので要注意

『ますや』のオムライス

京都で美味しい店を見つけるコツを教えてくださ い。そう言われたときの答はただひとつ。とにかく歩くことです。歩いて見つけるのが最大、かつ最良のコツです。必ずそう答えることにしている。

他の地域はいざしらず。こと京都に限っては間違いない。一瞬にして情報が拡散するデジタル全盛の時代にあっても、歩いて出会うというアナログ手法には敵《かな》わない。

現に本書でご紹介している店の大半は歩いて見つけたところだ。たとえばこの『ますや』。京都での定宿にしている『からすま京都ホテル』の近くを散歩していて偶然見つけた店だ。

高辻通という広めの通りが東西に延びていて、四条烏丸界隈《からすまかいわい》に職場を持つビジネスマンたちには、おそらくこの通りがランチショップの南限となる。つまり高辻通以南はめっきり人通りも少なくなり、穴場的存在の店が点在しているはずだと当たりを付ける。そうして、西は新町通くらいから、東は寺町通あたりまで、南北の通りをひと筋ずつ歩いてみる。

高倉通のコインパークの隣に〈お弁当〉と書かれた赤い幟《のぼり》が見えた。近づいてみると黄色いテントに白い字で『ますや』と店名が記されている。店の前には昔懐かしいサンプルケースがあるから持ち帰り弁当だけではなさそうだ。

迷うことなく店に入って注文したのが〈オムライス〉。L字型のカウンター席に囲まれたキッチンでフライパンを振る主人と、それをサポートする奥方のふたりで商う。理想的な洋食屋で生み出される洋食はどれも安くて美味しい。しかもていねい。とくれば通うしかない。かくして行きつけの店となる。歩いて見つけた店に決してハズレはない。

オムライス 450円

ますや

京都市下京区高倉通松原上ル
杉屋町265（MAP p.107）

☎ 075-351-3045
営 11：00〜18：30（平日）
　11：00〜17：00（土曜）
休 日曜・祝日

その他のメニュー

ランチA	600円
ランチB	700円
コロッケセット	450円
メンチカツセット	550円
チキンライス	450円　など

オムライスをはじめ大半のメニューがテイクアウトでき、予約して持ち帰ることもできる

『サフラン サフラン』のカキフライカレーランチセット

ここも歩いていて見つけた店だ。

京都の定宿にしているホテルから歩いて五分ばかり。仏光寺《ぶっこうじ》通と東洞院《ひがしのとういん》通が交わる東南角に建つウッディーな外観のレストランは、『サフラン サフラン』という愛らしい店名で、いかにも女子ウケしそうな洋食店だが、味は本格洋食。ひと手間かけた料理は何を食べても満足できる。

ビジネス街の中にあるせいで、平日の昼間はかなり混みあうので、早めか遅め、少し時間をずらしたほうがいい。

一階はカウンター席と厨房。急な階段を上がった二階はテーブル席と小上がり席。古い町家を改造した店は、外観同様ぬくもりを感じさせる造りで、心安らかに食事を愉しめる。

豊富なランチタイムメニューの中で、季節限定ながら特にお奨《すす》めしたいのが〈カキフライカレーランチセット〉。

ディナータイムはセットメニューやコースもあるが、僕はいつもアラカルトで頼み、スパークリングワインと一緒に愉しんでいる。目移り必至のアラカルトメニューの中で、〆に必ずといっていいほどオーダーするのが〈カレーライス〉。晩秋から早春までなら〈カキフライ〉も必食メニュー。

その両方を同時に、しかも格安価格で食べられるのだから、これを見過ごす手はない。

ほんのりとした甘さを感じさせながらも、しっかり辛いカレーは専門店に負けず劣らずのコクのある味わい。京都らしい風情すら感じさせるお値打ちランチ。

カキフライカレーランチセット（冬季限定）870 円。カキは広島産。豚汁とサラダ付

サフラン サフラン

京都市下京区東洞院通仏光寺東南角
高橋町605（MAP p.107）

☎　075-351-3292

営　11：30〜15：00（14：00L.O.）
　　17：30〜22：30（21：30L.O.日は21：00L.O.）

休　火曜　不定休有

その他のメニュー

サフランコース 2800 円、などのコースメニューの他、特製ハンバーグとエビフライセット 1470 円などのセットメニューやアラカルトのメニューが多数ある。ワインの品揃えも充実している

2 階には町家だったころの梁が今も残る

『てんぷら 奇天屋』のお昼のてんぷら

和洋中、どんな料理でも他の街には負けず劣らずの店がある京都だが、唯一てんぷらだけは、それを売り物にできる店が極端に少ない。もちろんゼロではない。京都らしさを併《あわ》せ持ち、美味しいてんぷらを食べられる店も何軒かあるのだが、その店の数は他の料理に比べてあまりにも少ない。それは何故なのか。あれこれ考察を加えてもなかなか答は見つからない。

京懐石ふうのコースだったり、塩だけで食べさせる星付き店ならあるのだが、東京で食べられるような、コロモにしっかり揚げ色が付いたてんぷらを、存分に味わえる店といえば……。思い当たる店は皆無に近い。

そこでこの『てんぷら 奇天屋《きてんや》』。最近めでたく星も獲得し勢いに乗る、京都でも指折りのてんぷら屋としてお奨《すす》めしたい。

四条通のひと筋南に位置する綾小路《あやのこうじ》通を烏丸《からすま》から東へ。高倉通と交わる手前に店がある。

ゆっくり食べる時間があるなら、昼間でも食べられる〈おまかせコース〉をお奨めする。目の前でひと品ずつ順に揚げられる、熱々の揚げ立てでてんぷらを頬張《ほおば》る贅沢を愉しめる。

食通なら誰もが知る、東京の名店で薫陶《くんとう》を得たてんぷらは江戸前の佇《たたず》まいを感じさせながらも、口に運ぶとこの店ならではの独自の味わい。

時間に余裕がないなら〈かき揚げ天丼〉や〈上天丼〉がお奨め。タレの染みた〈てんぷら〉をご飯と一緒にかっ込むのも、揚げ立てでてんぷらの醍醐味《だいごみ》。

清潔感漂《ただよ》う店で、カウンターをはさんで主人と向かい合い、じっくりと味わう京都のてんぷらも、なかなか乙な味わいである。

おまかせコース 3800 円より。扇のように開いたてんぷらは、えのき茸

てんぷら 奇天屋

京都市下京区綾小路通高倉西入
神明町230-9（MAP p.107）
☎ 075-365-9108
営 12：00～14：00
18：00～23：00
休 日曜（月曜が祝日の場合、月曜休）

その他のメニュー

てんぷら（上）	1300 円
てんぷら（特上）	2000 円
かき揚げ	1500 円
天丼（上）	1300 円
かき揚げ天丼	1500 円 など

ペースに合わせて揚げたてが供される。えのき茸と同様、大根のてんぷらも珍しいと好評

『にしき 江戸川』のうな丼

同じ料理でも東と西で作り方が異なることはしばしばある。

たとえばすき焼き。関東では割り下を使い、多めの汁気で作るが、京都をはじめとする関西では、砂糖と醤油だけで肉を焼きつけることからすき焼きをはじめる。

天ぷらも揚げ油や、コロモの厚さが異なるし、寿司も握り中心の関東に比べて、関西は箱寿司や棒寿司など、押し固める寿司が主役を張る。

見た目にはさほど変わらないように見える鰻だが、食べてみると食感も味わいもかなりの違いがある。

武家社会だったころの名残なのか、東では腹切りを避けて背開きにし、固い皮目を嫌ってか、蒸してから焼く。蒲焼のタレはさらりとしたしょうゆ味。

一方で西はといえば腹開きにした鰻を串に刺して直焼きする。タレはいくらか甘みを感じる濃厚な甘辛味。

大阪の鰻屋では圧倒的に後者なのだが、なぜか京都では江戸ふうの鰻が多い。川魚屋などは大阪ふうであっても、鰻料理の専門店はほとんどが、蒸しの入った江戸焼。

堺町通の綾小路《あやのこうじ》通を下がったあたりに店をかまえる『にしき 江戸川《えどがわ》』も店名に偽《いつわ》りはなく、口に入れるとふわりととろける江戸ふう鰻。甘さを抑えたタレの味も軽やかで、あっさりとした後口で人気を呼んでいる。

近年は漁獲量が激減したせいか、価格が高騰している鰻だが、この店では値ごろな価格で旨い鰻を堪能できる。京都で鰻、も選択肢のひとつとして覚えておきたい。

竹セット（うな丼）2400円。だし巻、小鉢、吸物、漬物付。うな丼の単品もあるが、一番人気はこちら

にしき 江戸川

京都市下京区堺町通綾小路下ル
綾材木町198-5（MAP p.107）

☎ 075-352-6645

営 11：30～14：00
17：00～21：00（20：30L.O.）

休 火曜

その他のメニュー

うな丼	1700円～
うな重	3000円～
金糸丼	1800円～
浅草丼	1800円～
鰻白焼	2200円～　など

寡黙なご主人と、接客担当の陽気な奥さん。日本酒の品揃えも充実し、夜は酒肴も揃う

『山の家』のドライカレー

京都一の繁華街といえば、昔から四条河原町界隈《かわらまちかいわい》と決まっている。

京都の人気を二分するデパート、『髙島屋』は四条河原町、『大丸』は四条高倉と、同じ四条通にあって、両者の距離は五百メートルほど。京都人にとってのショッピングといえば、この二軒のデパートを渡り歩くことが多く、それにはたいていランチが伴《ともな》う。

繁華街ゆえ選択肢は決して少なくないのだが、いざとなると決め手に欠ける。いつも混んでいる店、ランチには重すぎる店、味やサービスにムラがある店などを消去してゆくと、存外残る店は少ない。

寺町四条を下がり、細道を西へ入ったところに『山の家《やまのや》』という食堂があり、ここには安くて美味しいものがたくさんあり、食堂ゆえの気軽さもあって、この界隈で昼どきになれば、自然とこの店に足が向いてしまう。

何が愉しいかといって、『山の家』のメニューを見ながら悩むことほど愉しいことはない。

A４サイズのプラケース。表面に麺類、裏面に丼物や洋食などがぎっしりと書かれている。何度も表裏を返しながら悩む。〈甘きつねうどん〉か。〈五目そば〉か。いや〈肉カレー丼〉もいい。と悩みつつ結局は〈ドライカレー〉に落ち着く。

本格的な洋食屋のそれもいいが、カレーやきめしとでも言いたくなるような、食堂のほのぼのとした〈ドライカレー〉を食べると、いつもしみじみとした気持ちになる。街なかにあるのに『山の家』。山小屋に通じる安らぎを感じる店である。

ドライカレー 570円

山の家

京都市下京区綾小路通御幸町東入
足袋屋町330（MAP p.106）

☎ 075-351-7498

営 11:00〜19:00（水曜は下記の夜営業はなし）
20:00〜24:00（月・火・木・金／土は〜26:00）

休 日曜・祝日

その他のメニュー

甘きつねうどん	550円
五目そば	640円
肉カレー丼	700円
ヤキソバ	570円
チキンライス	570円　など

麺類30品以上、丼物10品以上、洋食数品など、何でも揃う豊富な品書き

『なんだっ亭』のカレーつけ麺のランチセット

京都の街歩きをする愉しみのひとつに、路地裏探索がある。『京都の路地裏』という新書を書いたくらいの路地裏好きの僕にとって、四条河原町《かわらまち》近くにある「花遊小路《かゆうこうじ》」は原点と言ってもいいほど、魅力に満ちた通りだ。

子どものころ不思議に思ったのは、四条通の店の中に通りの入口があることで、これは今もさほど変わっておらず、知らないと行き過ぎてしまう。

そして四条通から入ったにもかかわらず、角を曲がると新京極通や別の細道とつながっていることも不思議だった。

子ども心にも、ラビリンスの風情を愉しめる「花遊小路」は京都という街ならではの通りに思えて、少しばかり誇らしげな気分で歩いたことが、今の路地裏好きに結びついているように思う。

そして「花遊小路」の最大の魅力はそこに軒を連ねる店のバリエーションの豊かさと変化である。

京都を代表するメインストリートである四条通や、修学旅行生が多く行き交う新京極通に比べて、その目立たなさは半端ではないのでよほど自信がないとこの通りには店を出せない。たとえばこの『なんだっ亭《てい》』のように、個性を際立たせたラーメンを出さなければ集客は難しい。

スパイシー、かつ香り豊かなカレースープはカレー専門店のそれに一歩も引けをとらず、麺との相性も極めて良い。唯一無二の〈カレーつけ麺〉は「花遊小路」の店ならではの味わい。

カレーつけ麺のランチセット 900円

なんだっ亭

京都市中京区中之町565-16（MAP p.106）

☎ 075-746-4001

営 11:30〜15:00
17:00〜23:00（金・土・祝前日は〜25:00）

休 月曜（祝日の場合は火曜休）

その他のメニュー

特製チャーシュー丼	800円
つけ麺＋小ライス	800円
らぁ麺＋小ライス	800円
油そば＋小ライス	800円
トマトカレーらぁ麺	980円 など

カレースープは石の器で供され、太めの麺にグツグツと煮えたぎったスープがよくからむ

『篠田屋』の皿盛

長く地味に続いてきた店が、突如として脚光を浴びるというのは、そこに通い詰めてきた客にとっては痛《いた》し痒《かゆ》しという一面もある。

大学生のころだから、今から四十年以上も前のこと。京阪電車を使って通学していた僕には、発着駅である京阪三条駅のすぐそばにある『篠田屋《しのだや》』は、ごく普通に通う店として、馴染《なじ》みという言葉が一番よく似合う食堂だった。

そのころから〈皿盛〉という料理があったかどうかは覚えていない。うどんだとか中華そばだとか、丼などを食べていたなかにカレーやトンカツもあったから、〈皿盛〉があっても不思議ではない。カツカレー丼として食べていたかもしれない。

記憶の中の食というのはそんなものである。安くて美味しい店があれば当然行きつけの店になるわけで、それが学生であれば特別な思いもなく、ただただ舌鼓を打ちながら空腹を満たした時間だけが記憶に残っていて当たり前のことだ。

場所も佇《たたず》まいもほとんど変わらない店に、長い行列ができていたりすると、ちょっと気恥《きは》ずかしいような気がする。昔から来てるんだぞ、と誰にともなく言いたくなったりする。

〈皿盛〉。実に不思議な品書きだが、どうやら常連客の提案、つまりは裏メニューが進化した料理のようだ。皿にご飯が盛られ、カツがのせられた上に、出汁とトロミが効いたカレー餡《あん》が掛かる。インド風でも欧風でもなく、きわめて日本的な、というより京都そのままのような透き通ったカレー餡は万人を虜《とりこ》にする。美味しくて、安くて、食べ応えがあって、しかも美しい。〈皿盛〉は長くこの店に通い続けていることを誇りに思える料理だ。

皿盛 650 円

篠田屋

京都市東山区三条大橋東入
大橋町111（MAP p.106）
☎ 075-752-0296
営 11:30〜15:00（金曜は15時閉店）
16:30〜18:30
休 土曜

その他のメニュー

中華そば	500 円
たぬき	550 円
にしんそば	600 円
きつね	450 円
デラックス丼	700 円　など

〈皿盛〉とならんで人気の品が〈中華そば〉だが、うどんや丼物も揃う、昔ながらの食堂

『京焼肉　嘻姜』の極みの三選

若いころはよく肉を食べたもんだが最近は……。還暦をとうに過ぎ、古希が近づいてきて、きっと僕もそういうことになるだろうと思っていたが、あにはからんや、若いころよりもよく肉を食べるようになった。それも牛肉だ。

瀬戸内寂聴さんをはじめとして、歳を重ねてもよく肉を食べるという人たちが、みんな元気なことも気持ちを後押ししているのかもしれない。歳を取ったらもっと肉を。そう進言する医者も少なくない。

数ある牛肉料理の中で、食べたいと思いはじめるとどうにも止められないのが焼肉だ。

見るからに美味しそうな牛肉を、自分で好みの加減に焼きながら食べる。塩で食べるもよし、タレに付けて食べるのもいい。

太古の昔に狩りをしていたころのＤＮＡを受け継いでいるのだろうか。焼肉を食べると血が騒ぎ、元気になるという人はおおぜいいる。僕もそのひとりなのだが、たまに昼どきに焼肉を食べたくなると困る。たいていの焼肉屋さんは夜だけの営業だからだ。

明治の洋館建築が点在する三条通にあって、その象徴ともされる文椿《ふみつばき》ビルヂングに店をかまえる『京《きょう》焼肉《やきにく》　嘻姜《ききょう》』はランチタイムでも極上の焼肉を愉しめる貴重な店。

とりわけ〈極みの三選〉と名付けられたランチメニューは、選りすぐりの牛肉を三種類味わい分けられる贅沢な昼焼肉。

お昼にビールで喉をうるおしながら網で肉を焼く。芳ばしい香りが鼻をくすぐり、お腹が鳴る。ひと口噛みしめれば溢《あふ》れる肉汁に思わず笑みがこぼれる。極みの昼焼肉である。

極みの三選 2963 円（土日祝のみの限定メニュー）。究極のリブローズ、至福のヘレ下、上ロースの 3 種。写真の他に、ごはん、デザート、コーヒー付

京焼肉 嘻姜

京都市中京区三条通烏丸西入 御倉町79
文椿ビルヂング1F（MAP p.107）

☎ 075-222-2929

営 11:30〜14:30（土日祝は〜15:00）
17:30〜23:00（L.O.は閉店の30分前）

休 水曜

その他のメニュー

日替わりランチ	778 円
和牛丼	741 円
石焼ビビンパ	880 円
和牛御膳（塩 or タレ）	880 円
和牛すき焼き御膳	880 円　など

レトロなビルの一番奥に店をかまえる。店内は広く、モダンなインテリアで落ち着ける

『カレーハウス ガーネッシュ』の鷹山カレー

京都三大祭のひとつである祇園祭《ぎおんまつり》では、二〇一四年以降復活した後祭《あとまつり》を含めて、三十三の山鉾《やまほこ》が巡行に参加している。

それ以外にも巡行に参加しない「休み山」と呼ばれる山鉾があり、「鷹山《たかやま》」や「布袋山《ほていやま》」がその代表だが、「鷹山」は近年にわかに復活気運が盛りあがり、巡行に参加するのもそう遠くないと言われている。

三条通の衣棚町《ころものたなちょう》に店をかまえる『カレーハウス ガーネッシュ』には、その「鷹山保存会」が同じ町内にあることから、〈鷹山カレー〉と名付けた新メニューを作り、「鷹山」復興へ向けての意欲を示している。

似合わないようでいて、実は京都の街とカレーは結びつきが強く、それは伝統工芸に携《たずさ》わる職人たちが短い休み時間で、満ち足りた昼餉《ひるげ》にありつくためであり、或《ある》いは未来を見つめる学生たちの旺盛《おうせい》な食欲を満たすためでもあった。

更にはハイカラ好きの京都人たちが、異国の香り漂《ただよ》うカレーに心を魅《ひ》かれ、その味を競い合ってきたからでもある。

開店してからさほど歳月は重なっていないが、豊富なメニューと清潔な店内、スパイシーでありながらやさしい味わいが、多くの京都人の支持を集め、すっかり人気カレー店となった『ガーネッシュ』。

〈鷹山カレー〉はふわふわのメレンゲがカレーの角を丸くし、黄身がコクを加えるという技ありカレー。食べ進むうち、どこからか「鷹山」の鉦《かね》の音が聞こえて来そうだ。

鷹山カレー 900 円。ヒレカツ、メレンゲ、卵黄がのる

カレーハウス ガーネッシュ

京都市中京区三条通室町西入
衣棚町59-2（MAP p.107）
☎ 075-221-3537
営 11：30〜15：00（日曜・祝日は昼のみ営業）
18：00〜22：00（21：30L.O.）
休 月曜

その他のメニュー

ロースカツカレー	800 円
ビーフカレー	680 円
チキンカレー	680 円
ヒレカツカレー	890 円
チキントマトカレー	680 円　など

とろけるチーズ、生たまご、揚げなす、フライドポテトなどをトッピングすることも可能

『本家 尾張屋』の宝来そば

京都を紹介するテレビ番組などで、ときおり、――昭和四十五年創業の老舗《しにせ》の和菓子店――などと店紹介するのを見かけるが、これは明らかな誤りであって、京都においては少なくとも創業後百年を経過しないと、老舗とは呼べない。

なぜ百年かといえば、店として三代、四代続かないと百年を数えられず、そこまで到達して、ようやく一人前の店として名を成せるからである。

しかしながら百年を超える老舗であっても、進取の気性を持ちながら店のあり様を変えずにいないと、尊崇《そんすう》されるまでには至らない。いくら年数としては老舗であっても、中身が老舗にふさわしいものでないと、京都では一目置かれる存在には成りえないのだ。

寛正六年（一四六五）創業というから、五百五十年を優に超えるあいだ、京都に根をおろし、誠実な商いを続けてきた。『本家《ほんけ》 尾張屋《おわりや》』こそ老舗と呼ぶにふさわしい店だ。

応仁の乱が勃発する二年前。尾張国から京都に移り住み、蕎麦《そば》菓子を商う店としてはじまり、その後蕎麦屋も兼ねることになった。地方から移転してきたにもかかわらず、店名に「京」を冠し、ずっと京都にあったように装う店とは歴然たる違いがある。郷土に誇りを持ちつつ、地道に京の街で商いを続けるからこそ、町衆から愛される店になるのだ。

京都ならではの味を愉しめる〈あんかけ〉も、蕎麦の風味が生きる〈せいろそば〉も千円でお釣りがくるのも嬉《うれ》しい。

おすすめは名物〈宝来そば〉。十四代が考案したという五段重の蕎麦は、一段ずつ薬味を変えながら食べられるという愉しい趣向。本物の老舗をじっくりと味わいたい。

宝来そば 2160円（本店、四条店のみのメニュー）

本家 尾張屋

京都市中京区車屋町通二条下ル
仁王門突抜町322（MAP p.107）

☎ 075-231-3446

営 11:00〜19:00（18:30L.O.）
（お菓子販売のみ9:00〜）

休 1月1日・2日

その他のメニュー

あんかけ　864円
せいろ　918円
親子丼　1134円
（丼物に +216円で小椀そばが付く）
小丼（玉子）　378円　など

本店は広く、茶室もあり、そこでも食事ができる。本店の他、四条店、髙島屋店がある

『喫茶チロル』のカレースパゲッティー

カフェ全盛の時代にあっても、京都には喫茶店文化とでも呼ぶべき潮流《ちょうりゅう》が、古くから今に至るまで脈々と流れている。

喫茶店。それはただ茶を喫するだけでなく、その店に漂《ただよ》う文化的薫《かお》りを共有する場でもあり、その中に身を置くことで、内なる精神を休め、或《ある》いは高める場所である。

僕なら、昔からある京都の喫茶店をそう定義する。多くはコーヒーを主たる飲物にしながら「喫茶」という言葉を付けたのは、おそらく禅語の「喫茶去《きっさこ》」を念頭に置いたからだろう。

「喫茶去」なる禅語の解釈は幾《いく》つかに分かれるのだが、茶を奨《すす》めるという意は必ず含まれている。茶道、禅宗、いずれも盛んな京都ゆえ、珈琲ショップにもその精神は少なからず流れている。

とは言え、何も堅苦しさを求めるようなものではなく、安らぎの場であるという意味ではカフェと同じなのだが。

本書にも登場する、広く名の知れた『イノダコーヒ』（16頁）も同じなのだが、喫茶といいながら食事にも力を入れ、それが名物となっている店も少なくない。たとえばこの『喫茶チロル』。喫茶と名が付いてはいるが、僕はこの店に入ってお茶だけで済ませたことは一度もない。そもそもがランチを目的としてドアを開けるのだから。

平日のランチには〈ハンバーグ〉や〈アジフライ&コロッケ〉などの定食メニューが並び、〈ハムかつカレー〉や〈オムライス〉などのライスものも充実し、メニュー選びにひと苦労するが、たいていは〈カレースパゲッティー〉に落ち着く。喫茶店のお昼、いただきます。

カレースパゲッティー 680 円。野菜サラダ 200 円。ブレンドコーヒー 350 円
セットで注文すると 100 円引。オプションで目玉焼き（50 円）のトッピングも可

喫茶チロル

京都市中京区門前町539-3（MAP p.109-A）
☎ 075-821-3031
営 6：30〜17：00
（定食は平日の11：30〜14：00）
休 日曜　祝日

カレーだけで 8 種類、平日の定食は 12 種類と充実した品書き。もちろんコーヒーも美味

その他のメニュー

カレーライス	650 円
ハムかつカレー	800 円
オムライス	700 円
ハンバーグ定食	680 円
アジフライ＆コロッケ定食	650 円 など

『鮨 まつもと』の昼のにぎり

何ごとに於いても先駆者というものは、尊ぶべき存在だと思っている。

たとえば京都で江戸前鮨の先鞭《せんべん》を切った、この『鮨《すし》 まつもと』などは創業当時からまったくブレることなく、京都を代表する江戸前鮨店として不動の評価を得続けているが、当初はきっと労苦があったに違いない。

東京は新橋の名店で研鑽《けんさん》を積み、満を持して京都は祇園花見小路《ぎおんはなみこうじ》に暖簾《のれん》をあげた『鮨 まつもと』。その創業当時の京都は、本格江戸前鮨不毛の地と言われていた。

ちょうど鯖《さば》寿司ブームが起きかけていたころとも重なり、わざわざ京都で江戸前鮨を食べなくても、と敬遠する向きは少なくなかった。

今でこそ、独特の仕事を施した江戸前鮨全盛とも言える京都だが、昆布〆やヅケなどは、鮮度をごまかすためのテクニックだと陰口をたたくものも、当時は少なからずいた。

祇園花見小路。多くの外国人観光客が行き交う通りは、京都でも最も賑《にぎ》わいを見せる道筋だが、ひと筋横道に入ると、喧騒《けんそう》とは無縁のしっとりとした細道には、どこからか三味線の音色が響いてきたりして、艶《つや》っぽい風情漂《ただよ》う界隈《かいわい》となる。

『鮨 まつもと』。控えめな暖簾が上がり、一歩店に足を踏み入れると、瀟洒《しょうしゃ》な造りの店内はただただ旨い鮨を食べるためだけの空間であることが伝わってくる。

会員制だとか一見お断りなどと言った、門戸を閉ざすかのような鮨屋が目立ちはじめた京都にあって、この店はむやみにハードルを上げたりせず、心地よく客を迎え入れる。正統派の江戸前鮨を昼下がりの祇園でつまむ。なんとも贅沢なひとときである。

おまかせ10000円より。通常は一貫ずつ供される
左上より、ウニ、イクラ、煮ハマグリ、鯛、スミイカ、マグロ（大間産）、コハダ

鮨 まつもと

京都市東山区祇園町南側570-123
（MAP p.106）
☎ 075-531-2031
営 12：00～14：00
18：00～21：00
休 火曜　水曜の昼

その他のメニュー

昼のおまかせ（税込）	10000円～
	13000円～
	16000円～
夜のおまかせ（税別）	15000円～
	18000円～

通り過ぎてしまいそうな控えめな外観。店内は端正な雰囲気が漂う

『グリル 富久屋』の洋食弁当

京都の洋食は大きくふたつの流れによって発展してきた。

ひとつは先に書いたように、学生や職人によって育てられてきた店。

今ひとつは「花街《かがい》洋食」とも呼ばれるように、花街の中、もしくはその周辺にあって、芸妓舞妓《げいこまいこ》や、ひいきの旦那《だんな》衆に愛されて発展してきた店である。祇園《ぎおん》にふたつ、先斗町《ぽんとちょう》、上七軒《かみしちけん》、そして宮川町《みやがわちょう》。京都に現存する五つの花街にはそれぞれ、艶《つや》やかな流れを汲《く》む洋食店があり、個性を競いあっている。

近年整備が進み、しっとりとした石畳の道が続く宮川町。長い歴史を誇る『グリル 富久屋《ふくや》』にもそんな「花街洋食」が伝わっている。

鴨川に架《か》かる松原橋の東のたもと。宮川町への入口とも言える場所に、喫茶店然とした店構えで芸妓舞妓を待ち受ける『グリル 富久屋』にはいくつかの名物料理があり、そのひとつがこの〈洋食弁当〉。

小判型の弁当箱にはオーソドックスな洋食の数々がぎっしりと詰められている。

海老フライこそ丸のままだが、ハンバーグやヒレトンカツなどは、小さくカットされている。これこそが「花街洋食」最大の特徴で、大口を開けることなく、舞妓さんたちのおちょぼ口でもすんなりと口に入るように気配りされているのだ。

もうひとつの名物である〈フクヤライス〉もオムライスとは思えないほど愛らしい姿で、「花街洋食」の面目躍如《めんもくやくじょ》といったところ。もちろん旦那衆の口にも合うよう、しっかりした味付けで食べ応え満点の洋食弁当は、手ごろな価格ながら京の花街を感じさせてくれる。

洋食弁当（並）1360円。海老フライ・ヒレトンカツ・白身魚フリッター・ミニハンバーグ、赤出し付

グリル 富久屋

京都市東山区宮川筋5丁目341
（MAP p.106）
☎ 075-561-2980
営 12:00〜21:00
（ランチタイムは12:00〜14:00）
休 木曜　第3水曜

その他のメニュー

フクヤライス	880円
海老フライ定食	880円
クリームコロッケ定食	880円
（※ランチタイムサービスの定食）	
ポークチャップ	1460円　など

花街らしく芸妓・舞妓の団扇がならんでいる。お茶屋さんや歌舞練場へ配達することも多い

『六波羅飯店』のジンギスカン定食

店名が店の在《あ》り処《か》を示していて、六波羅蜜寺《ろくはらみつじ》のすぐ北側、松原通の角にあるのが『六波羅飯店《ろくはらはんてん》』。

店の反対側の角には「六道《ろくどう》の辻」と刻まれた石碑が建っていて、界隈《かいわい》には六道珍皇寺《ちんのうじ》がある。小野《おの》篁《たかむら》が夜な夜なあの世へ通ったと言われる井戸があることでも知られているように、このあたりは古くから彼岸《ひがん》と此岸《しがん》の境目と言われてきた。

今では観光名所となり、多くが行き交う通りともなった松原通は、かつては五条通と呼ばれ、京都の東西を貫《つらぬ》くメインストリートだったという。

そんなこんなを思い浮かべながら、京都らしい町場中華を愉しむには恰好《かっこう》の店。

僕がはじめてこの店で食べたのは〈カレーラーメン〉で、二度目は〈カレーチャンポン〉だった。中華屋さんでカレー？　といぶかる向きもあるかもしれないが、カレーと中華の相性はすこぶるいいのだ。にもかかわらず、カレー味の中華料理を出す店が年々少なくなり、今や絶滅危惧料理になりつつある。ここは貴重な店なのだ。

そして三度目になってようやくこの〈ジンギスカン定食〉にたどり着いたのだった。この〈ジンギスカン〉という料理もカレー中華と同じく、京都では絶滅が危ぶまれていて、最もよく名の知れた餃子チェーン店でも、かつては名物とされていたのに、今はめったに見かけなくなった。

野菜まみれの肉。やや濃いめのスープ。どっちもご飯との相性は抜群。これを食べるといつも幸福感に包まれる。名所に旨い店あり、だ。

ジンギスカン定食 700 円。ライス、スープ、キムチ付

六波羅飯店

京都市東山区松原通大和大路東入
2丁目轆轤町90（MAP p.106）
☎ 075-551-2901
営 11:00〜22:00
休 火曜

その他のメニュー

六波羅丼	800 円
麻婆丼	700 円
チャーハン	550 円
カレーチャンポン	750 円
カレーラーメン	650 円　など

周辺には建仁寺など寺院が多く、祇園や八坂、清水などもほど近いので、観光客が絶えない

『殿田食堂』のたぬきうどん

ポリシー、というほどたいそうな話ではないが、僕が店を選ぶときのNGワードがいくつかあって、その筆頭が「今、話題の」である。

多くは新しくできた店に付けられる形容詞だが、世間でそう言われている店には、まったくもって興味がなく、足を向けようとは思わない。食に限ったことではないが、僕は人と同じことをするのが嫌なのである。

同じく、「今、人気の」もダメだ。行列はもちろん、いつも混んでる店も苦手である。

古くからあって、注目を浴びるような存在ではないが、目立つことなく長く続いていて、とりわけご近所さんに愛されている店。そういう店を見つけたときの喜びは大きい。

捜していたわけではなく、通りかかって偶然見つけた店で、美味しいものが食べられて、なおかつ居心地が良ければ最高だ。

ここ数年の大ヒットが、八条口の南側、東寺通にひっそりと暖簾《のれん》をかかげる『殿田食堂《とのだしょくどう》』。

京都駅近くのホテルに滞在しているときのお昼は、ほとんど毎日『殿田食堂』の暖簾をくぐる。麺類、丼物全般、何を食べても美味しい。飽きることがない。ほぼ年中無休で、いつ行っても空いているという安心感がある。すべての料理をひとりで作るおばあちゃんの顔を見るだけで、ホッと心がなごむ。僕が『殿田食堂』へ通うようになった理由は、ざっとそんなところだ。

あちこちで紹介するうち、いつの間にか「今、人気の」にしてしまったことだけが気がかりだが、人気店になっても、〈たぬきうどん〉の旨さは微動だにしない。

たぬきうどん 600 円。きつねうどんの餡かけで、たっぷりの生姜が添えられる

殿田食堂

京都市南区東九条上殿田町15（MAP p.108）
☎ 075-681-1032
営 11:30頃〜18:00頃
休 不定休

その他のメニュー

中華そば	700 円
きつねうどん	550 円
なべやきうどん	900 円
にしんそば	750 円
しっぽく	550 円　など

もう一品追加したい時には、いなりすし 300 円、すし中皿 450 円、大皿 500 円がある

京都駅から徒歩 5 分余りなので、駅周辺の昼食時の混雑を避ける選択肢のひとつとなる

『三興飯店』のAセット

半チャンセットというメニューがある。ラーメンと半チャーハンの組み合わせを言い、両方食べたいがフルサイズのセットは無理、という僕のような食いしん坊にはありがたいメニュー。かつてはたいていのラーメン店、中華屋さんにもあったが、最近はあまり見かけなくなったような気がする。

地下鉄烏丸《からすま》線九条駅のすぐ近くに赤い暖簾《のれん》をあげる『三興飯店《さんこうはんてん》』では、〈Aセット〉というメニュー名で、半チャンセットは今も健在。

迷うことなく「Aセット。ネギ多め」と注文を済ませて、カウンターの中で腕をふるう主人の動きを見るのも、この店の愉しみのひとつ。〈から揚げ〉や〈焼餃子〉など、他にも美味しい料理があるのだが、この店に来るとつい半チャンセットを頼んでしまうのは、その手際の良さを見たいからでもある。

こういうセットメニューの難点は時間差である。店によってはやきめしが先に出てきて、それを食べ終えるころになってようやくラーメンが出てくることや、その逆もあったりして、どうにも興を削がれる。そこへいくとこの店。いつも同じルーティンで出てくるのが嬉《うれ》しい。

チャーシュー、煮玉子半分、メンマ、海苔《のり》、そして多めのネギ。麺は中細のストレート。スープは昔の屋台味を少しあっさりさせた感じ。これを食べはじめたころにこんもり丸く盛られたやきめしが出てくる。スープを掬《すく》おうとしたレンゲはやきめしに吸い寄せられ、ひと口運んでほっこり。これぞ半チャンの醍醐味《だいごみ》なのだ。

息の合った主人夫婦が醸《かも》し出す緩《ゆる》い空気が味わいをよりいっそう深くする。

A セット 850 円。ラーメンとやきめし（小）。牛すじラーメンにすると 200 円増

三興飯店

京都市南区東九条南烏丸町32
（MAP p.108）
☎ 075-661-3517
営 11:30〜14:00
17:30〜22:00
休 月曜

その他のメニュー

牛すじラーメン	850 円
味噌ラーメン	800 円
やきめし	450 円
焼餃子	300 円
から揚げ	550 円　など

ラーメンは「麺固め」「ネギ多め」「背油たっぷり」「辛みそちょっぴり」が店主のお奨め

『ミスター・ギョーザ』の餃子

京都と餃子。イメージとしてはかけ離れているようで、しかしその結びつきは存外強い。

全国にその名を知られた餃子チェーンの『餃子の王将』は京都の四条大宮が、その発祥であり、数こそ多くはないものの、餃子専門店も市内のあちこちに点在している。

元は中国料理でありながら、本国より日本で人気を集めるようになったという餃子。本国では焼くより、蒸したり茹でたりするのが王道だと聞くが、日本人の味覚には焼餃子がぴったり合ったとみえ、京都でも圧倒的に焼餃子が目に付く。

その一因は白飯との相性ではないかと思っている。ビールと餃子、に負けず劣らず、白いご飯と一緒に食べる餃子は実に美味しい。

味もさることながら、その価格もまた魅力的で、たとえ財布が軽くても餃子なら案ずることなく注文できる。

京都で餃子といって、真っ先にその名が挙がる『ミスター・ギョーザ』でも手ごろな価格で美味しい餃子を堪能できる。

平安京のシンボルでもあった羅城門《らじょうもん》跡のすぐ近くにある店は、いくらか辺鄙《へんぴ》な場所であるにもかかわらず、客足が絶えることなく、いつも活気にあふれている。

〈ラーメン〉や〈唐揚げ〉もメニューに載《の》るが、やはり一番人気は〈餃子〉。六個が一人前なので、たいていは二人前を頼み、箸休めの〈きゅうりのマル漬け〉と〈ライス〉という組み合わせ。

醤油味と胡麻風味の二種類のタレを付けて、ご飯にのせて食べる餃子は誰もがヤミツキになる味わい。今や京都名物と言っても過言ではない。

餃子（1 人前 6 個）270 円（写真は 2 人前）。きゅうりのマル漬け 200 円

ミスター・ギョーザ

京都市南区唐橋高田町42　(MAP p.109-D)

☎ 075-691-1991

営 11：30〜20：30（売り切れ次第閉店）

休 木曜

P 有

その他のメニュー

しょうゆラーメン	600 円
塩ラーメン	600 円
味噌ラーメン	650 円
（ラーメン大盛りは +150 円）	
鶏の唐揚げ	600 円　など

〈餃子〉は持ち帰りもできるが、熟練した絶妙の焼き加減を味わうなら、店内が一番

『七番館』のAランチ

ランチ激戦区でありながら、いざとなると決め手に欠けるのが京都駅近辺。いくらも選択肢はあるのだが、ここぞと思う店は存外少ない。

京都旅の出入口となるＪＲ京都駅は、京都を訪れるほとんどの旅人が訪れる場所なので、本書でも最重要地域と位置付け、できるだけバリエーションを豊富にしてご紹介している。

七条烏丸《からすま》の交差点近く。『七番館《ななばんかん》』は京都駅近くで洋食を食べたくなったら、是非《ぜひ》とも足を運びたい店である。

斜向かいに東本願寺を望む交差点までは、京都駅から地下道を通って傘要らずでたどり着け、地上に出てすぐのところに店があるから、駅ビル感覚で足を運べる。

カジュアルな雰囲気ながら、料理は本格派。入口を入ってすぐ右手にあるオープンキッチンで忙しく立ち働くシェフの姿を見れば、間違いなく美味しい洋食が食べられることが確信できるはずだ。

お奨《すす》めはお肉料理の〈Ａランチ〉。日替わりメニューなので、毎日食べても飽きないほどに工夫されていて、しかもこの界隈《かいわい》とは思えないほどのお値打ち価格。

ちなみに同じ価格で〈Ｂランチ〉は魚料理。肉料理と魚料理の両方を食べられる〈Ｃランチ〉でも千円でお釣りがくるのもありがたいところ。

時間にも懐《ふところ》にも余裕があるときなら、名物とも言える〈ビーフシチューランチ〉が一番のお奨め。本格洋食店ならではのコクのあるビーフシチューが味わえる。どれもコーヒーが付いているので、ここ一軒でランチが完結するのもお奨めの理由だ。

A ランチ 720 円。内容は日替り。この日はポークカツ カレーソース

七番館

京都市下京区七条通烏丸東入
真苧屋町210（MAP p.108）
☎ 075-371-7321
営 11:00〜14:00
17:00〜22:00（21:00L.O.）
休 日曜

その他のメニュー

B ランチ	720 円
C ランチ	980 円
カレーライスランチ	770 円
和牛ハンバーグランチ	1490 円
ビーフシチューランチ	2000 円 など

店内は広く席数も多い。使用する野菜は京都府中部・南丹市の契約農家から送られてくる

『和・にち』のワンプレートランチ

京都を訪れる多くの観光客にとって、ＪＲ京都駅はただの発着場ではなく、買い物をしたり、食事を愉しんだりと、京都旅には欠かせないエリアである。当然のことながらランチタイムには、たくさんの人々が美味しい昼餉《ひるげ》を求めて行き交うことになり、受け皿となる飲食店は山ほどあるのだが、ランチ難民も少なからず存在する。

なんとか席に着き、ランチにありついたものの、味も値段も満足できるものではなかった。そんな声もよく耳にする。そんなときにお奨《すす》めするのは、駅から少し離れた隠れ道にある飲食店だ。

観光客の目に触れないような裏道にあって、しかし地元客以外もあたたかく迎え入れてくれる店。数はさほど多くないが、駅周辺にはそんな店が点在している。

たとえばこの『和《わ》・にち』。京都タワーから少しばかり西北に向かって歩いた路地裏にあって、夜は小料理屋として酔客が集う居酒屋然とした店でありながら、昼間は手軽な〈ワンプレートランチ〉を出していて、ランチ難民のオアシスになっている。

経験豊富な板長が作る和食のランチは、メインの変わり巻き寿司に、揚げ立て天ぷらと、京都らしいおばんざいの小鉢、お汁、更にはコーヒーまで付くという盛りだくさんメニュー。

板長を囲む家族で営む店ゆえ、マニュアル通りに動くチェーン店とは、ひと味もふた味も違う、心の籠《こも》ったもてなしもこの店の売り物のひとつ。手作りの味にほっこりと心も和む店には、迷《まよ》い途《みち》してもきっと足を運びたい。

ワンプレートランチ 1000 円。巻寿司 2 種の他、串に刺された天ぷら、サラダ、小鉢、お汁とコーヒー付

和・にち

京都市下京区東塩小路町600-2
（MAP p.108）
☎ 075-200-6312
営 11:30〜13:30
17:00〜21:00（20:30L.O.）
休 日曜　祝日不定休

その他のメニュー

お造り定食	1000 円
天ぷら定食	1000 円
焼き魚定食	1000 円　など

（※上記は昼の定食。夜は一品メニューが多数ある）

1 階はカウンターと小上がり席。2 階のテーブル席では 10 名以上（要予約）の食事も可

『とんかつ一番』のとんかつ弁当

明治維新ののち、文明開化の波が広がり、食の分野では肉食が解禁され、西洋料理が急速に広まっていった。

その西洋料理は、洋食という日本独自のスタイルに変貌《へんぼう》し、今や和食の一ジャンルとして認識されるほど、広く深く普及した。その中でもとんかつというメニューほど日本中に広まった料理は他にないだろうと思う。

文字通り、豚のカツレツ。ほどよい厚みの豚肉に軽く塩コショウし、コロモを付けてたっぷりの油で揚げる。家庭でも手軽にできる料理でありながら、専門店のそれは何ものにも勝るご馳走となる。

牛肉文化が深く根付く京都においては、ビフカツにその人気を奪《うば》われがちだが、とんかつもその軽やかな風味と味わいで一歩も引けを取らない。

西本願寺と梅小路公園のちょうど中ほど。黒門通という細道に赤い提灯を目印にして佇《たたず》む『とんかつ一番《いちばん》』は、京都が誇るとんかつの名店である。

人通りの少ない道筋にあるせいで、観光客は少なく、たいていは地元の常連客。昔ながらのレトロな風情が残る店の中で、クラシックなとんかつを気楽に愉しんでいる。

東京では、やれ塩で食べろ、だの、肉質やコロモ、ソースやキャベツに点数を付けたりする野暮な人たちが跋扈《ばっこ》しているようだが、京都では誰もがふつうに美味しく食べている。

あれこれ言わずにこの店のとんかつを食べるのが一番だ。日常と贅沢がほどよく混ざり合うとんかつは人をしあわせにする。ここに来るといつもそう思う。

とんかつ弁当（松）1100円。とんかつを中心に、ハンバーグ、コロッケ、から揚げ、魚フライなど。味噌汁付

とんかつ一番

京都市下京区黒門通木津屋橋上ル
徹宝町403（MAP p.108）

☎ 075-371-0722

営 11:30〜13:30
　 17:00〜20:30

休 第2・第4・第5日曜

わかりにくい場所なので、豚の看板と赤提灯を目印に

とんかつ以外のメニューも充実。とんかつソースはもちろん、ウスターソースも自家製

その他のメニュー

とんかつ弁当（梅）	600円
とんかつ弁当（竹）	800円
ヒレ肉のとんかつ	1000円
ソースカツ丼	650円
ポークチャップ	850円

など

『みやこ食堂』の肉鍋定食

食堂が好きだ。駅前食堂、学生食堂、社員食堂。どこも安くて美味しい。

あまりにも食堂が好きなので『鴨川食堂』という小説を書くようになったくらいだ。

京都の街なかにもたくさんの食堂があったが、時代の波に押されて次々と姿を消している。その多くは後継者難で、営業時間も長く、お世辞にもオシャレとは言えない店のあり様に、若い人たちから敬遠されたからだろうと思う。

一方で、食堂とは名ばかりのチェーン店が出現したり、三か月も先まで予約の取れないような、実質割烹までもが「食堂」を名乗るという、おかしな現象が起きている。

本来食堂というものは、その地に長く根付き、遠来の客も地元の馴染《なじ》み客も分け隔《へだ》てすることなく受け入れ、至極真っ当な値段で料理を供する店をいうものであって、名だけだとか、形だけを装うようなものではない。

西に京都中央卸売市場、東に西本願寺。多くが集う場所の間近にあって、朝九時から夜の九時まで。善男善女の空腹を満たし、心を癒《いや》す『みやこ食堂』こそ、食堂という名を冠するに値する店である。食堂と名乗るなら、これくらいの覚悟を持って店を開けて欲しいものだ。ヒマと時間を持て余している食通相手に、割烹然とした料理を出して喝采を浴びるような店とは根本姿勢が違う。

四百円の〈玉子丼〉、四百三十円の〈中華そば〉。どれもがちゃんと美味しい。たっぷり肉の入った熱々の〈肉鍋定食〉はこの店でのとっておきの贅沢。それでも六百五十円。地道に商いを続けるこういう良心的な店でこそ、真の京都らしさを感じられるのである。

肉鍋定食 650 円

みやこ食堂

京都市下京区花屋町通櫛笥東入
裏片町191-1（MAP p.108）
☎ 075-351-7693
営 9:00〜21:00
休 火曜

その他のメニュー

コロッケ定食	500 円
きつねうどん	380 円
中華そば	430 円
にしんそば	500 円
巻寿司（一本）	320 円　など

京都の食堂でよく見かける〈おはぎ〉や〈赤飯〉などもあり、持ち帰る近所の人も多い

『招福亭』のきざみきつねそば

うどんか蕎麦《そば》か、となればうどんに軍配をあげるのが京都。それはおおむね関西全般に言えること。蕎麦よりうどん。

しかしながら京都には茶そばという麺があり、茶どころ宇治を擁《よう》しているせいか、古くから根強い人気を誇っている。

緑茶色をした麺は蕎麦と同じような形状ながら、もちっとした独特の歯ごたえはうどんに通じるものもある。味わいはさておき、何よりその雅《みやび》な色合いが京都という街にぴったり馴染《なじ》んでいる。加えて出汁つゆともよく絡むので、出汁のうまさをしっかりと味わうことができるのも嬉《うれ》しい。

古く河原町六角《かわらまちろっかく》を西に入ったあたりに『大文字』という茶そば専門店があり、注文してすぐに出てくる早さと、独特の甘い出汁つゆ、若草色の麺に魅《ひ》かれて、数えきれないほど足を運んだが、惜しくも店を閉めてしまった。

京都と茶そば。恰好《かっこう》の取り合わせだと思うのだが、いっときの隆盛は今いずこ、と言いたくなるほど扱う店が減ってしまった。

そんな中、東本願寺の北西あたりに店をかまえる『招福亭《しょうふくてい》』は、茶そばファンが足しげく通い詰める店だが、近年真向かいに移転し、広々とした店で茶そばをすすることができるのは嬉しい限りだ。

冷たくても、温かくても、どちらでも京都の茶そばは、ほんのりと茶が香り、やさしい喉越《のどご》しでほっこりとした味わいを愉しめる。

きざみきつねそば 550 円

招福亭

京都市下京区新町通五条下ル
艮町891-1（MAP p.108）
☎ 075-351-6111
営 11:00〜20:00
休 不定休

名物の〈福そば〉は、具材もボリュームもたっぷりの卵とじそば。〈にしんそば〉も名物

その他のメニュー

あまきつね	550 円
しっぽく	620 円
鳥なんば	610 円
にしんそば	820 円
福そば	780 円　など

『西洋酒楼 六堀』の大人のお子様ランチ

繰り返し書いていることだが、京都は和食だけの街ではない。中華も洋食も美味しい街なのであって、京都を訪れて和食三昧、も悪くはないが、京都ならではの洋食も是非《ぜひ》味わっていただきたい。

などと書いてるうちに、カリスマティックな洋食店が出現し、割烹店よろしく予約困難となっているようだ。

例によって東京からの客が作り上げたブームは、京都の店をいびつにしてしまい、メディアがそれに拍車をかけるといういつものパターン。

それはさておきこの『六堀《ろくぼり》』。店の名は六条堀川という地名に由来する。広い堀川通をはさんで、西本願寺と向かい合う店は広々としたスペースを持ち、その眺《なが》めのよさでも京都有数である。

文明開化の足音と時を同じくして、京都に巻き起こった洋食ブームを第一次とするなら、第二次世界大戦後の第二次を経て、近年の京都の洋食界はサードウェーブとも呼ぶべきムーブメントが起こっている。

その中核をなしているのがこの『六堀』。クラシックな洋食を守りながら、新たなスタイルも取り入れ、多くの支持を得ている。

たとえば洋食の名脇役ともいえるポテトサラダやマカロニサラダを、ハーフセットとして定番メニューに載《の》せ、コースだけではなく、アラカルトでもおひとりさまでも対応できるようなメニュー構成にしている。京都の洋食をお昼に。今や定番といってもいい。

鶏のタタキ

ポタージュ

トマトソースパスタ

ハンバーグ

エビフライとポテトサラダ

ハヤシライス

大人のお子様ランチ 2500 円。ワンプレートではなく、少しずつ色々な洋食が楽しめる
写真は春の一例。上記にパン、コーヒー付

西洋酒楼 六堀

京都市下京区堀川通六条下ル
元日町5（MAP p.108）
☎ 075-354-8117
営 11:30〜14:00（L.O.）
17:00〜22:00（L.O.）
休 水曜　第2・第4木曜　　P 有

その他のメニュー

ランチコース　2500 円
6000 円
ディナーコース　6000 円
9000 円　など
アラカルトメニュー・喫茶メニューも多数

2 階をパーテーションで区切って、大小の宴会を行うこともできる、使い勝手の良いお店

『グリル　はせがわ』の火曜日の日替りAランチ

老若男女問わず、誰もが好きな料理といって、その筆頭にハンバーグを挙げても異論はなかろう。ドイツのハンブルグを語源としながら、お馴染《なじ》みのハンバーガーショップ人気に見られるように、アメリカナイズされた食として認知されている。

パンとの相性も悪くないが、我が日本においては、白いご飯と一緒に食べることが圧倒的に多い。丸々と太ったハンバーグを箸で切り、白いご飯にのせて口に運んだ途端、誰もが笑顔になる。

バリエーションが豊富なのもハンバーグの特徴で、ふんわり系、かっちり系と異なる食感で分けられ、和風、洋風、こってり、あっさりとソースの違いでも分類される。ハンバーグ専門のチェーン店などでは変わり種ソースも多く、ハンバーグの応用範囲の広さが際立つ。

そこでこの『グリル　はせがわ』。バリエーション豊かなハンバーグで、行列ができるほどの人気店だ。ハンバーグだけではない。揚げ物も豊富にあり、ハンバーグと組み合わせれば無数に思えるほどのセットができる。あれこれ試した結果落ち着いたのが、オーソドックスなケチャップ味のハンバーグとエビフライのセット。

レギュラーメニューにもあるが、〈火曜日の日替わりAランチ〉はこの黄金コンビだ。

みっしり系の肉肉しいハンバーグにかかったケチャップソースは、酸味が効いていながらほんのり甘く、ご飯との相性は抜群。タルタルソースを付けて食べるエビフライと交互に食べれば思わず笑ってしまう。開店直後ならたいてい並ばずに食べられる。

火曜日の日替り A ランチ 1000 円。ハンバーグとエビフライ（開店から 15：00 まで）

市内北部

グリル はせがわ

京都市北区小山下内河原町68
（MAP p.110-A）
☎ 075-491-8835
営 11:15〜15:00
16:00〜22:00（21:00L.O.）
休 月曜　第3火曜（祝日の場合営業、翌日休）

その他のメニュー

特製ランチ	1300 円
サービスランチ（曜日日替り）	
火曜〜金曜	800 円
A ミックス	1500 円
バーグトンカツ	1100 円　など

店には洋食弁当のテイクアウトコーナーが併設されていて、お昼時には行列ができる人気

『相生餅食堂』の五目そば

美味しい店の捜し方、を問われることが多い。本書のような食の本を書いているから、当然の質問だとも思うが、僕の答はいつも同じ。

――わざわざ捜すようなことはありません。出会うんです――

美味しい店で美味しいものを食べたい。そう願う人は多い。そしてたいていは捜す。といっても歩いて見つけようとはしない。ガイドブックやネット情報をつぶさに見て捜す。つまりは人の後追いである。

行列ができる店だとか、予約困難な人気店ばかりを追いかけていると、本当に美味しい店との出会いを見過ごしてしまう、というのが僕の持論だ。

わざわざ遠くに出かけていくのではなく、身近にある店の美味しさを見つける。本書はその積み重ねでき上がったのである。たとえばこの『相生餅《あいおいもち》食堂《しょくどう》』などがその典型。

自宅兼仕事場から歩いて五分ばかり。いわゆるご近所さん。麺類全般から定食にいたるまで豊富なメニューから、さて今日は何を食べるかと悩むのが愉しい店だ。

丼ものとミニ蕎麦《そば》のセット、から揚げとうどん、ご飯がセットになった〈うどん定食〉。どれも安くて美味しい。冬場には〈カキフライ定食〉もメニューに載《の》るし、夏場になれば〈冷麺〉も人気になる。中で、この店ならではの味、となると〈五目そば〉をお奨《すす》めしたい。

ちゃんぽんほどくどくなく、中華屋さんほどの濃厚さもない。しごくあっさりした塩味のスープにストレートの細麺。野菜もたっぷり入った具は食べ応え満点。食べながら、つい隣の席の客が食べているカレーうどんが気になる。そんな店である。

五目そば 830円

相生餅食堂

京都市北区小山下内河原町48
（MAP p.110-A）
☎ 075-491-6952
営 11:00〜15:00
17:00〜20:00
休 金曜

その他のメニュー

あじフライ定食	850円
豚の生姜焼き定食	880円
メンチカツ定食	880円
からあげ定食	880円
カキフライ定食	880円　など

屋号に「餅」とあるだけに、〈ちからうどん〉などの〈特製餅入りうどん〉もたくさん揃う

『みなとや』のB定食

この店ではじめて食べた日のことをまったく覚えていない。それくらい昔のことなのだ。

北大路室町の東南角にあって、僕の母校である紫《し》明《めい》小学校のすぐそば。転入した小学三年生から毎日この店の前を行き帰りに通っていたのだ。

それから半世紀経って、外観も、店の中の佇《たたず》まいもほとんど変わっていないように思う。だけではない、おそらくはメニューもおおむね同じなのだろう。変わったのは店の主人。先代から当代へ。その当代もきっと次代へとバトンタッチするだろう。僕はこういう店のあり様が大好きなのだ。

『みなとや』とのかかわりは歳とともに変わる。学生時代はボリューム優先。丼と麺類、どっちも大盛り。四十を越えたころからはもちろん単品。しかも普通盛り。そして、還暦をとうに越えた今は、決まって小盛りをリクエスト。


——カツ丼。ご飯は小で——

となってしまうのは少々寂しい。

今も足しげく通うこの店で、決まって注文するのは〈B定食〉。ライスは小だ。エビフライ、魚フライ、オニオンリングとスパゲティにサラダ。ご飯と赤だしが付いて六五〇円のところ、ライスが小だと五〇円引きになって六〇〇円。昭和の値段そのままである。

変わらぬ味ながら、最近になって添えもののスパゲティが進化した。ほんのりとパルメザンが香り、パスタっぽくなったりするのも嬉《うれ》しい定食。そう言えば、この店でのもうひとつの定番である〈オムライス〉も、食堂系から洋食屋系へ進化した気がする。

食堂といえども京都の店はこうして守り継がれてゆく。そのお手本といってもいい店だ。

B 定食 650 円。さかなフライ・エビフライ、ライス、赤だし付

市内北部

みなとや

京都市北区小山東大野町81（MAP p.110-A）
☎ 075-451-8895
営 11:30〜20:00
休 日曜

常連だった学生が、卒業後、年月を経て訪れると、何も変わっていないことに喜ぶという

その他のメニュー

A 定食	650 円	
C 定食	650 円	
ハムカツ定食	680 円	
からあげ定食	730 円	
ミックス定食	830 円	など

『たつ兵』のとんかつ

ずっと昔からあって、その前を何度も通っているのに、なぜか入らずにいる店というのがある。

子どものころからあったような記憶すらある店で、豚のイラストが描かれた暖簾《のれん》は印象に残っていて、しかし一度も足を踏み入れたことのなかった『たつ兵《き》』は、我が家から歩いて五分ほどという近さにあって、一年ほど前にようやくその暖簾をくぐった。

勝手にとんかつ専門店だと思い込んでいたので、店に入ってその多彩なメニュー構成に驚いた。〈とんかつ〉をはじめとした洋食メニューもあれば、うどんやそばの麺類も丼物もあって、つまりはよくある食堂なのだ。もっと早くくればよかった。はじめてこの店の〈とんかつ〉を食べてそう思った。

おかずとしての〈とんかつ〉なら四五〇円。ご飯と味噌汁を付けても七五〇円という廉価なのに、昔ながらのオーソドックスな味わいで、そうそう、これこれ、と思わず膝《ひざ》を打った。

今どきのとんかつは小うるさくて苦手だ。ブランド豚に厚みにこだわり、揚げる油がどうだとか、コロモがこうだとかにこだわる人たちが居て、点数を付けたりするそうだが、とんかつはそんな食べものではない。ささやかな贅沢感を味わうものであって、屋上屋《おくじょうおく》を重ねるような過剰さに辟易《へきえき》していた身に、この店のとんかつの潔《いさぎよ》さは心に沁《し》みた。

〈とんかつ〉だけではない。〈オムライス〉や〈中華そば〉も実に美味しい。そして安い。飲食店はかくあるべし、と思う清潔感もこの店の特徴。通い詰めたいとんかつ屋である。

とんかつ 450 円。ライス 180 円。味噌汁 120 円

たつ㐂

京都市北区小山初音町16（MAP p.110-A）
☎ 075-491-8972
営 11:00～18:00
休 日曜

その他のメニュー

オムライス	580 円
中華そば	500 円
アジフライ	450 円
焼めし	480 円
うどん	380 円 など

添え物的扱いになりがちな味噌汁だが、ここの味噌汁はしっかり出汁がきいて味わい深い

『鮨 かわの』の昼のにぎり

しばしば京都で話題に上るのが「洛中洛外《らくちゅうらくがい》」という仕分け。

かの有名な「洛中洛外図」はさておき、実際にはどこを洛中と呼び、どこからが洛外かは人によって見解が分かれ、その議論もまた愉しい。

地図上での線引きとはまた別に、感覚的な「洛中洛外」があり、観光客が容易に入り込める場所を洛中、めったに観光客の姿を見かけない場所を洛外と呼ぶ。まったくもって私的な仕分けなのだが。

たとえば同じ下鴨でも下鴨神社の周囲は洛中だが、洛北高校のあたりは洛外。

そんな洛外の大通りからひと筋入った細道に暖簾《のれん》をあげる『鮨《すし》 かわの』は、地元民にこよなく愛される鮨屋で、わずかな席しかないカウンターはほぼ常連客で埋まる。ではあるものの、遠来の客を疎外するような空気は微塵《みじん》もなく、とりわけ昼どきには頃合いの価格で京都らしい艶《つや》やかな江戸前鮨を愉しむことができる。

余談ではあるが、この店は以前は別の屋号で鮨屋を営んでいたが、代替わりを重ね今に至るまで、仕入れ先の魚屋は同じなので、不思議と空気は変わらず、店の造作も以前とほぼ同じなので、気分は昔のまま。

当然のことながら主人は代わり、鮨のスタイルも異なるのだが、僕には今の代が一番合っているような気がして、足しげく通っている。

瀟洒《しょうしゃ》な店ではあるものの、肩肘張らずに本格江戸前鮨を愉しめるのがこの店の真骨頂。洛外にまで足を運ぶ真の京都通には是非《ぜひ》ともお奨《すす》めしたい。

昼のおまかせ 5000 円より。通常は 1 貫ずつ供される
左から赤身・サヨリ・トロ・コハダ

鮨 かわの

京都市左京区下鴨東半木町72-8
（MAP p.110-A）
☎ 075-701-4867
営 12:00～14:00
17:30～22:00
休 月曜　火曜の昼

その他のメニュー

昼	にぎり 8 貫	3000 円
	にぎり 11 貫	5000 円
	にぎり 14 貫	7000 円
昼のおまかせ		5000 円
		7000 円　10000 円

閑静な住宅街に溶込んで目立たないが、店内は明るく清潔感がある

『うどんや　ぼの』の明太子の和風カルボナーラ

新しくできた店に対する僕の反応はおおむね冷たい。すぐに馳《は》せ参《さん》じたりしないのは京都人の常であって、しばらくは様子見をして、評価が固まってからおもむろに出向く。軽く見られたくないという、京都人的ないやらしさだろうと思う。

この店も訪れるまでに時間がかかった。まずはその屋号が気になったからで、『ぼの』てそれなんやねん！　ということで足が向かない。それはのちに店主がイタリアン出身であり、美味しいを意味するボーノが由来と聞いて至極納得したのだが。

名は体を表す。屋号は店の味を表す。かねがね僕はそう思っているのだが、この店もまさしくそうだった。

美味しいうどんを出す店でありながら、随所にイタリアンのテイストも感じさせ、和とイタリアンのいいとこ取りをしている。よく見かける和風パスタは苦手だが、イタリア風うどんは気に入った。

とは言え、うどんそのものは極めてオーソドックスな味わいで、当然のことながら〈きつねうどん〉や〈天ぷらうどん〉も美味しいし、〈たぬき〉や〈けいらん〉といった京都ならではの餡《あん》かけ系もちゃんと美味しい。だからこそオリジナルのメニューが輝くのである。

〈明太子の和風カルボナーラ〉。パスタをうどんに置き換えただけか、と思えばそうではなくて、ひょっとすると昔からうどん屋にはこういうメニューがあったかもしれない。そう思わせるほど自然と舌になじむのが不思議。食べれば誰もが納得する味わいは「よるぼの」と呼ばれる夜営業の時間になると更にその個性が際立ち、うどんの奥深さを知るのである。

明太子の和風カルボナーラ 1180円

うどんや ぼの

京都市左京区下鴨松ノ木町59
(MAP p.110-C)
☎ 075-202-5165
営 11:00〜14:30(最終入店)
17:30〜21:00(最終入店)
休 木曜　第1・第3水曜

その他のメニュー

天ぷら	1180円
京きつね	820円
けいらん	720円
たぬき	830円
特製鍋焼きうどん	1390円　など

「よるぼの」の酒肴は420円から各種あり、居酒屋風のメニューが揃う。夜は予約も可能

『中華のサカイ 本店』の冷めん

この写真を見て、関東の方ならきっといぶかることだろう。これは冷やし中華であって冷麺ではない、と。

京都ではしかし、間違いなくこれは冷麺だ。では、関東で冷麺と称される韓国式は何と呼ぶかと言えば、あれもまた冷麺である。しいて区別するなら韓国冷麺。しばしばその点を関東の方から指摘を受ける。間違って注文することはないか。ない。断じてないと言い切れるのは、両方をメニューに載《の》せる店がないからである。このあたりに京都人気質が見てとれる。阿吽《あうん》の呼吸で互いに通じるなら、

――わざわざ言い換えんでもええがな――。

したがって、夏のはじまりに貼りだされる紙も、

――冷麺はじめました――であって、

――冷やし中華はじめました――ではない。

しかしながら、京都にはそんな紙を貼りだすこともなく、年がら年中〈冷めん〉を出す店があって、名を『中華《ちゅうか》のサカイ』という。京都人どうしでは〈サカイの冷めん〉で通じる。

古くから続く新大宮商店街の中ほどに本店があって、「中華の」と名が付くだけに多種多様な中華料理が品書きに並ぶ。

これほどに単品メニューが有名になると、ほとんどの客が〈冷めん〉を頼むかというと、そうはならないのが、観光客頼りではなく、地元密着型店の矜持《きょうじ》。

かく言う僕も、ふだんは〈ワンタンメン〉だとか〈唐揚げ定食〉を食べていて、たまに思いだしたように〈ハム冷めん〉を頼むくらいだが、食べるとやっぱり病みつきになる。〈オムライス〉まで美味しい中華屋さんの〈冷めん〉は真冬に食べても美味しいのである。

冷めん（焼豚入り）720円

中華のサカイ 本店

京都市北区紫野上門前町92（MAP p.110-A）
☎ 075-492-5004
営 11:00〜21:30
休 月曜（祝日を除く）
P 有

その他のメニュー

唐揚げ定食	950円
冷めん（ハム）	680円
オムライス	730円
ワンタンメン	680円
天津飯	680円

など

シンプルな具材、コシのある太麺、酸味控え目のタレが特徴。持ち帰り用も販売している

『西陣ゑびや』の日替わりサービス定食

この店が近所にあれば、きっと人生が変わるだろうな。ときどきそういう店に出会う。その多くは気軽に入れる食堂。

日替わり定食をはじめとして、メニューが豊富、値段も安くて、もちろん何を食べても美味しい。そんな店が歩いて通える近所にあれば、昼どきに迷わなくて済む。とにかくその店にさえ行けばいいのだから。

三十年以上も前に『西陣《にしじん》ゑびや』でランチを食べてから、ずっと思い続けている。うちの近所に引っ越してくれないかな、と。

「味しるべ」と題されたメニュー表には、うどん蕎麦《そば》から丼、定食にいたるまでびっしりとメニューが並んでいる。

かき揚丼とわかめそばの〈ミニセット〉もいいが、〈とんかつ弁当〉も気になる。〈カレー丼〉という手もあるな。口の中にたまった唾を飲みこみながら迷ったあげくに、決まって頼むのが〈日替わりサービス定食〉。もちろん注文するときは〈日替わり〉のひと言だけ。

日替わりというくらいだから、当然その日によって内容が変わるのだが、この店の常としてハズレがない。〈サービス〉の名に恥じない、ボリューム満点で美味しい定食が約束されているのは本当に嬉《うれ》しい。

或《あ》る日の日替わりがこの写真だ。断じて、取材だからではない。いつもこんなふうなのだ。たとえばこの中のとんかつが付かなくても納得できる。カレーうどんがなくても怒らない。だが両方付くのが『西陣ゑびや』。近所にあれば、という訳がお分かりいただけただろう。

日替わりサービス定食 750 円。この日はカレーうどん、とんかつ、小鉢 2 品、漬物、ごはん

西陣ゑびや

京都市上京区大宮通五辻上ル
芝大宮町21（MAP p.110-B）
☎ 075-441-8737
営 11：00〜19：00
休 水曜

その他のメニュー

名代 天ぷらそば	700 円
カレー丼	750 円
そば定食	850 円
にしんそば	850 円
とんかつ弁当	900 円　など

どう考えても安い〈日替りサービス定食〉は、かなりの大食漢の腹も満たす味とボリューム

『ビフテキ スケロク』のビーフカツセット

京都人の牛肉好きについては、かねてから主張し続けてきたが、ようやく世間にも認知されてきたようだ。

ハイカラ好きで、肉食解禁後いち早く飛びついたこと。丹波、近江、松坂の日本三大銘牛産地を結ぶ三角形の中心に京都があること。このふたつを挙げて、京都の牛肉は美味しい、と言い続けてきた。分けても後者にあっては、「銘牛トライアングル」という言葉を創ったのだが、広く普及してきたのには複雑な感懐《かんかい》もある。

それはさておき、京都で牛肉を食べる、はもはやブームを越えて、定番になりつつある。京都に来れば和食を食べねば、と肩を並べるほどに、京都に来れば牛肉を食べねば、となりつつある。

ではどこで、どんな牛肉を食べればいいか。すき焼きやしゃぶしゃぶなどの鍋料理、焼肉、ステーキなど数ある牛肉料理の中で、僕が強くお奨《すす》めしているのは洋食の中の牛肉料理。

ビフテキ、ビフカツ、ハンバーグ。この三つの料理を「京都三大牛肉料理」としたい。

ビーフステーキではなくビフテキと呼ぶようになったのは、ただ語呂がいいからというだけではなく、牛肉愛が高じてのことだと思う。ビフカツも然り。トンカツ以上に愛を深めたいという気持ちがビフカツという言葉を生んだ。

かどうかは定かでないが、ビフカツが飛びきり美味しいことに間違いはない。洋食全般、何を食べても美味しい『ビフテキ スケロク』のビフカツを食べればきっと誰もが納得する。

長い伝統と歴史が築き上げてきた美味を是非《ぜひ》ご賞味あれ。

ビーフカツセット 1800 円。ビーフカツ、クリームコロッケ、サラダ、ライス。ランチタイムはスープ付

市内北部

ビフテキ スケロク

京都市北区衣笠高橋町1-26（MAP p.111-A）
☎ 075-461-6789
営 11：30～14：00
17：30～20：00（L.O.）
休 木曜　不定休有

その他のメニュー

ビフテキプレート	1500 円
ビフテキセット	1800 円
ビフテキランチ	3000 円

（※上記 3 点はランチタイムだけのセット）

本日のランチ	1500 円	など

ここ一軒で「京都三大牛肉料理」が全て揃う。ビフテキ単品は、ロース 120g・3500 円から

『鉄板洋食 鐵』の牛ハラミランチ

世のグルメはおおむね二派に分かれる。ひとつは料理人派、いまひとつは店派。基本的に僕は後者で、店の料理人のことをあまり詳しく知ろうとは思わない。したがって、ほとんどの店ではシェフの名前も知らずに通っている。

一方の料理人派のグルメたちは、シェフの名前をフルネームで諳《そら》んじているのはもちろん、経歴までも詳しく知っていて、ときには愛称で呼んだりもする。どちらがどう、だとは言わないが、店と客が親しくなり過ぎるといい結果が生まれないと僕は思っている。料理人派の人たちがしばしば口にするのが「応援」という言葉で、料理人が修業先から独立するとすぐさま「応援」と称して追いかける。店より料理人なのだ。

僕には滅多《めった》にないことなのだが、この『鉄板洋《てっぱんよう》食《しょく》 鐵《てつ》』の久保シェフだけは特別な思いを持って応援している。諸般の事情で勤めていた店が消え去り、万感の思いを込めて独立を果たし、独特のスタイルの洋食店を開いたシェフを全力で応援したい。

繁華街からは遠く離れた立地にかまえた店は、元お好み焼き店。テーブルに埋め込まれた鉄板が店のアイコン。しごく真っ当な洋食を安価で供し、じわじわとファンを増やしている。

僕がもっぱら訪れるディナータイムは、スキレットを駆使し熱々洋食の数々を、手ごろなワインと共に愉しめ、定宿にしているホテルからバスに乗ってでも通っている。

そんな店のランチが悪かろうはずがない。たっぷりのハラミにからむソースは、さすが洋食経験豊富なシェフ。ご飯にもよく合う味付けで、充実のランチタイムを約束してくれる。気に入ったなら是非《ぜひ》次はディナーを。きっと応援したくなる店だ。

牛ハラミランチ 850 円。ご飯、味噌汁、小鉢、漬物付。200 円増でコーヒー、デザート付

鉄板洋食 鐵

京都市北区大将軍西町133-2
（MAP p.111-B）
☎ 075-465-5010
営 11:30〜15:00
17:30〜23:00
休 不定休

その他のメニュー

日替りランチ	800 円
サイコロステーキ	980 円
ハンバーグステーキ	650 円
ほうじ茶のアイスクリーム	600 円
ステーキ 100g	1000 円〜

など

控えめながらも笑顔が印象的な久保シェフ。
ハラミにかかったドミグラスソースは絶品

『通しあげ　そば鶴』の天丼

　蕎麦《そば》かうどんか、と訊《き》かれれば、うどんだろうと答える。天ぷらかフライかと訊《たず》ねられればフライだろうと答える。京都はそんな街である。

　きっとそれは江戸に対するコンプレックスがなせるものだろうと思う。

　如何《いか》に京都が美食の街だといっても、蕎麦も天ぷらも江戸に一目置かざるを得ないのは、誰もが認めるところ。なればこそ、京都で江戸も顔負けの蕎麦や天ぷらを出せば、きっと評判になると思うのだが。

　正面切ってではないものの、果敢に挑《いど》み続けているだろうなと推《お》し測《はか》っているのが、『通《とお》しあげ　そば鶴《つる》』の〈天丼〉と蕎麦。

　いつのころからか、京都ラーメン街道と呼ばれるに至ったほどのラーメン屋密集地帯にあって、ふつうの蕎麦屋に見えて、実は江戸っぽい天ぷらと蕎麦を食べられる店。『通しあげ　そば鶴』の存在は、まさに知る人ぞ知る。

　何気ない蕎麦や丼に見えて、長蛇の列を作るラーメンフリークには、きっと味わえないだろう奥深い味。僕にとってこの店はリトマス試験紙のような存在であって、この店をお奨《すす》めして、そのあと何度も通ってくれるようなら本当に味の分かる人。そうでなければ時代の空気に流される人。そう判断している。

　とかく評判だとか、噂《うわさ》だとか、あるいは世間的な評価を鵜《う》呑《の》みにする人たちと、本当に美味しいものが好きな人たちの間には決定的な違いがある。それを判別するための店を何軒か持っていると言えば、おこがましいとお叱《しか》りを受けるだろうことは百も承知である。

天丼 1500 円。天丼のタレは 40 年以上継ぎ足されてきた秘伝のタレ

通しあげ そば鶴

京都市左京区高野玉岡町74（MAP p.111-D）

☎ 075-721-2488

営 11:30〜15:00
17:30〜22:00
（土曜・日曜・祝日は11:30〜21:00）

休 月曜

その他のメニュー

きつね	800 円
きつねカレー	900 円
ざるそば	700 円
おろしそば	900 円
花天丼	800 円　など

麺類や丼物の他、一品料理や酒肴も数多く、日本酒やワインの品揃えも充実している

『玉蘭』のAランチ

京都は学生の街である。その一方、京都は職人の街でもある。

雅《みやび》なイメージを持ちながら、存外味付けが濃かったり、濃厚なスープのラーメンが人気なのは、学生と職人が多く暮らす街だからである。

学生と職人の共通点と言えば、どちらもさほど懐《ふところ》に余裕がないことと、ガッツリと食べること。それゆえ京都では安くて美味しい洋食屋がたくさんできたのだ。

京都大学のキャンパスに抱かれるようにして、吉田山のふもとの今出川《いまでがわ》通に面して店をかまえる『玉蘭《ぎょくらん》』などがその典型で、学生たちのみならず、教鞭《きょうべん》をとる師たちの胃袋も満たしてきた。

洋食を主としながらも、この店にはうどんや蕎麦《そば》などの和風メニューも揃《そろ》っていて、〈Bランチ〉に〈きつねうどん〉を付ける、なんてこともできるのだ。

王道を行く洋食のランチの佇《たたず》まいからは想像もできないだろうが、『玉蘭』は〈中華そば〉や〈鍋焼きうどん〉もメニューに載《の》っている、極めてふところの深い洋食屋なのである。

目玉焼ののったハンバーグとエビフライ。この味と内容でこの値段。誰もが驚く価格設定だが、それを特段の売り物にするのでもなく、さも当たり前のようにして供される〈Aランチ〉。意外なことに時分どきでもさほど混みあうこともなく、落ち着いてランチを愉しめるのがありがたい。

今出川通に面していながら目立つこともなく、長くこの場所で店をかまえる『玉蘭』。いつまでもこのままであって欲しいと心底願っている。

A ランチ 750 円。ハンバーグ・目玉焼・エビフライ。ライス、味噌汁付

玉蘭

京都市左京区吉田本町26（MAP p.111-E）

☎ 075-751-0124

営 11:00〜22:00
（土曜・祝日は11:00〜15:00）

休 日曜

その他のメニュー

B ランチ	600 円
きつねうどん	530 円
中華そば	600 円
鍋焼きうどん	750 円
トンカツ定食	650 円　など

レギュラーの定食だけでも 23 種類あり、日替りのサービス定食、季節の定食などもある

『おむらはうす』のカレーオムライス

今のようにオムライスがブームになる、ずっと以前からオムライス専門店として、京都のオムライスファンの舌を喜ばせてきた『おむらはうす』。市内に複数の店舗を持つことから、チェーン店であるかのように軽んじる人たちが居るのはまことに残念なことである。以前も拙著で『おむらはうす』の〈オムライス〉をお奨《すす》めしたら、批判的なレビューを書き込まれたが、偏狭なグルメの方にはこの店の真価が分からないのだろう。

単独店舗だろうが、複数の店舗を持とうが、美味しければそれでいいのであって、本書でもその考え方は貫いている。

僕はおもに出町柳店に行くのだが、数あるオムライスメニューの中から選ぶのはきまって〈カレーオムライス〉。何度食べてもいつも同じ満足感を得ている。

毎回ひとりなので、カウンター席に案内される。たいてい一番奥の隅っこの席。ガラス一枚隔《へだ》てて、真ん前のキッチンでオムライスができあがる様子をつぶさに眺《なが》めるのが好きだ。

そこそこ広い店のわりにキッチンは小さく、その中でシェフが手際よく次々とオムライスを作ってゆくさまは見ていて実に愉しく、いつ自分のぶんが作られるか心待ちにするのもこの店のこの席の大きな愉しみだ。

僕は基本的にふわとろ系は苦手で、薄焼き玉子でかっちり巻いたクラシックスタイルのオムライスが好きだ。シンプルなケチャップ系のファンだが、この店では必ず〈カレーオムライス〉。牛肉がごろごろ入ったカレーソースを混ぜながら食べるオムライスは至福の味わい。満腹度、満足度ともに高く、しかも安定感がある。貴重な店である。

カレーオムライス 890 円

市内北部

おむらはうす

京都市左京区田中関田町22-75
（MAP p.111-E）
☎ 075-712-0671
営 11:00〜15:30
17:00〜22:00（日曜は通し営業）
休 月曜（祝日の場合翌日休）

その他のメニュー

チキンオムライス	730 円
野菜オムライス	730 円
和風オムライス	890 円
とろ湯葉オムライス	1050 円
ハヤシオムライス	1050 円

など

京阪出町柳駅にほど近く、京都大学もすぐ側なので、いつもサラリーマンや学生で賑わう

地元密着店の矜持

とある日。馴染《なじ》みのうどん屋に行くと、なんだか空気が重い。そのわけはすぐに分かった。テレビ局から取材依頼が入り、推薦者が常連客だったので断り切れなかったと、麺を茹でながら店の主《あるじ》は苦悩の表情を浮かべた。

雑誌や書籍はともかく、テレビ取材は諸刃《もろは》の剣となる。テレビで紹介された店には客が殺到するのだ。と、当然のことながら馴染み客が店に入れなくなるという事態が起こる。そしてテレビを観てすぐに押し寄せる客というのは、概してマナーがよろしくない。加えて二度と来ないのが通例で、テレビを観てすぐにやって来た客が馴染み客になることはほとんどない。真のグルメはすぐ話題に飛びつかないのである。

地元密着型の店。その大きな特徴として、過ぎたるを好まない、がある。客に長蛇の列を作らせる。何か月も前からの予約をさせる。どちらも、過ぎたる結果の産物である。

思いついたときに、ふらりと店に入って食べることができてこその馴染みの店。それを叶《かな》えるためには、毅然《きぜん》としたメディア対応が必要になる。しかしながら完全取材拒否の店というのも、それはそれでまたいびつな形になってしまう。

馴染み客がいつまでも馴染み客でいられるように、最大限の配慮をする。それが地元密着店の矜持《きょうじ》というものである。

郊外でゆったり過ごす
贅沢ランチ

『下鴨茶寮』のお昼の懐石

京都における割烹人気が高まるいっぽうで、料亭人気はなかなか盛り上がらない。その一番の要因はハードルの高さだろう。しばしばこれを「敷居の高さ」と誤用するメディアを見かけるが、はじめて行く店に敷居が高くなる理由などあるはずもなく、かくなる誤用を平気で連発するメディアに料亭がなんたるかを語る資格すらない。

それはさておき。割烹と違って、料亭の客になろうとすれば、それなりの作法を身に付けていなければならず、歴史や伝統芸能など日本の文化に対する素養もなければ、心底愉しむことができない。しかしながらそれらに精通すれば、料亭という場は、ただ食を味わうだけでなく、そこで過ごす時間を最大限充実させてくれる、実にありがたい存在なのである。

古都京都には多くの料亭があり、冠婚葬祭をはじめとして、あらゆる場面でなくてはならない存在となっている。その多くは長い歴史を持ち、安政三年（一八五六）創業と伝わる『下鴨茶寮《しもがもさりょう》』もその一軒。

百数十年を超える歴史の中で、さまざまな変遷《へんせん》を遂《と》げてきた店だからこそできる、時代に呼応したもてなしは、地元客のみならず、観光客でも充分愉しめるのがありがたい。

世界文化遺産にも登録されている下鴨神社のすぐ近くにあって、高野川の清流を間近に望む絶好のロケーションにあるから、周辺の散策には事欠かない。神社を参拝してのちの昼食には恰好《かっこう》の店。手軽な〈季節の弁当〉もあるが、お奨《すす》めは〈お昼の懐石〉。椀物や八寸など、ただ美味しいだけでなく、京都の四季をみごとに映し出す料理は目でも愉しめる。料亭で味わうお昼の贅沢は心を豊かにしてくれる。

お昼の懐石より
椀物・桜蒸し（上）
（道明寺・鯛・蕨・百合根・うすい豆すり流し）

八寸（下）
筍木の芽和え・蛸のやわらか煮・鯛の子・鯛手まり寿司　など

下鴨茶寮

京都市左京区下鴨宮河町62（MAP p.110-C）
☎ 075-701-5185（要予約）
営 11：00～15：00（14：00L.O.）
17：00～21：00（20：00L.O.）
休 不定休
P 有

お昼のメニュー

季節の弁当（昼のみ）	5500円
お昼のミニ懐石	7500円
お昼の懐石（福膳）	10000円
懐石（禄膳）	13000円
懐石（寿膳）	18000円　など

高野川に面し、春の桜、秋の紅葉の季節には遠く比叡山を望む絶景を愉しむことができる

『和食庵 さら』の昼のコース

京都人はしばしば「上《かみ》の方《ほう》」「下《しも》の方」という言い方をする。「上」というのはおおむね今出川通以北のことで、単に地勢的な意味合いで上下を分けているだけで他意はない。

ざっくり言えば「下の方」は商業地域で、「上の方」は住宅街。当然のことながら飲食店は「下の方」に集まり、「上の方」はまばらだ。

――どこか「上の方」で美味しい和食の店知りませんか?――

よくそう訊《き》かれる。かつては僕も同じ質問をしていたが、なかなか耳よりな答は返ってこなかった。だが最近は違う。自信を持ってお奨《すす》めできる店を見つけたのだ。

『和食庵《わしょくあん》 さら』がそれ。ここ一年ほどは、京都にいるあいだ、最もよく通っている和食屋さんである。しかも昼も営業しているとあって「上の方」で和食をとなれば、まずはこの店をお奨めしている。

場所は今宮新町《いまみやしんまち》西南角。たった七文字で場所を示すことができるのが京都のありがたいところ。タクシーにもそう告げれば間違いなく店の前でおろしてくれる。今宮神社、大徳寺、鷹峯《たかがみね》、金閣寺、上賀茂神社などなど、洛北観光の際の、ちょっと贅沢ランチにはうってつけの店である。

靴を脱いで上がりこむ店で、まがいものではない本物の和食をじっくりと味わえ、値段はといえば「下の方」に比べて格安。それでいて、素材佳《よ》し、器佳し、盛付け佳し、なのだから嬉《うれ》しいかぎり。昼はもちろん、割烹遣《づか》いもできる夜にも是非《ぜひ》訪れてほしい。京の和食店はかくあるべし、というお手本を見ることができる。

昼のコース 4500 円より（内容は季節によって異なる）
①椀物　粟麩・湯葉・かにの薄葛仕立て
②先付　あん肝

和食庵 さら

京都市北区小山初音町9　(MAP p.110-A)
☎　075-496-1155（予約が望ましい）
営　12：00～15：00（最終入店14：00）
　　17：30～22：30（最終入店21：00）
休　月曜（祝日の場合、火曜休）
P　有

お昼のメニュー

御弁当（2 日前までに要予約）	2500 円
ミニコース	3500 円
コース	4500 円
	6000 円
	8000 円　など

③造り　鯛・よこわ・あおり烏賊
④かぶら蒸し
⑤八寸　なまこ・穴子寿司・堀川牛蒡　など
⑥酢物　かにの牛肉巻・ほうれん草
⑦海老芋の唐揚げ
以上にごはん、香の物、水物、コーヒー付

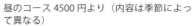

『エヴァンタイユ』の昼のコース

京都に限ったことではないのかもしれないが、フレンチというジャンルの実態が日々見え辛くなっている。

限りなく和食に近づいたかと思えば、パスタを連発してイタリアンとみまがう店も見受けられる。理科の実験を思わせるようなモダンスパニッシュもフレンチと呼んでいいのだろうか。フレンチに対する知識の浅い僕にはよく分からない。

ただひとつ。僕にも分かることがあって、それはフレンチほど周りの環境に影響される料理はないということだ。その店がどんな場所にあって、どんな設《しつら》えで、どんな風が店の中に流れているのか。

たとえば高層ビルの最上階にあって、きらめく夜景を見下ろしながら食事できるフレンチと、緑豊かな立地にあって、爽《さわ》やかな風を感じながら食事できるフレンチとでは、料理の内容もおのずと変わってくるはずだ。『エヴァンタイユ』は後者の代表である。

一九九五年というから、今から二十年以上も前、名刹知恩院近くにあった店を、洛北岩倉の地に移したのは、ひとえに新鮮で良質の野菜を求めてのことだったというから、その先見の明は注目に値する。今でこそ、フレンチをはじめ、和食でも野菜を主役ととらえる店は少なくないが、当時はまだまだ脇役に過ぎなかったのだから。

地下鉄烏丸《からすま》線、国際会館駅から歩いて五分。初夏にはホタルの姿も見かけるという、長代川《ながしろがわ》沿いに建つ店では、地場産の野菜をふんだんに使った軽やかなフレンチを、陽光あふれる空気とともに味わえる。風を感じるフレンチをじっくりと愉しみたい。

お薦めの前菜
上賀茂のねぎとフォワグラ、ホタテ貝のゼリー寄せ

本日入荷の魚料理
サワラのポワレ 旬の野菜添え　白菜のクリーム煮と共に

エヴァンタイユ

京都市左京区岩倉西五田町1-2
(MAP p.111-C)

☎ 075-712-0750(要予約)
営 11:30〜14:00(L.O.)
17:30〜20:30(L.O.)
休 月曜

お昼のメニュー

MENU A 3500円
(お薦めの前菜・旬の野菜のスープ・本日入荷の魚料理または肉料理・デザートワゴンサービス・コーヒー)

MENU B 5000円
MENU C 7000円

隣接する『食堂リヴゴーシュ』では、ハンバーグや一品料理を気軽に味わうことができる

『音戸山山荘 京料理 畑善』のお昼のミニ懐石

京都で日本料理を食べる。となると、おおかたが思い浮かべるのは祇園界隈《ぎおんかいわい》。芸妓舞妓が行き交う道筋を辿《たど》り、どこからか聞こえてくる三味線の音色を耳にしながら、店の暖簾《のれん》をくぐると艶《つや》やかな声で女将が迎えてくれる。

きっとそんなイメージだろうと思うが、それでは当たり前すぎて少々物足りなさを感じるのが京都通。ときには意外性も大事なことで、まさか、と思うようなロケーションで、本格的な京料理を味わうのも愉しい。

京都洛西。鳴滝《なるたき》の少し西に、音戸山《おんどやま》という山があることは、地元京都人にもあまり知られていない。標高わずかに百六十五メートル。別名を五智山《ごちさん》ともいい、松におおわれた小高い山は、頂《いただき》から洛西を一望できることで知られる。

多くは高級住宅が建ち並ぶ住宅街になっていて、豪邸を横目にしながら坂道を上り、頂近くになって、忽然《こつぜん》とその姿を現すのが『音戸山山荘《おんどやまさんそう》 京料理《きょうりょうり》 畑善《はたぜん》』である。

春は桜。夏は新緑。秋は紅葉。冬は雪景色。四季を通じて風光明媚《めいび》な地である鳴滝界隈にあって、それら季節の移《うつ》ろいを料理に映しだす店は、個人の邸宅を思わせる設《しつら》えで客を迎える。庭の緑を眺《なが》めながら、洋風のテーブル席で京料理を味わうという意外性も愉しみのひとつ。もちろん純然たる和室の座敷席もあり、こちらではよく手入れされた日本庭園を間近にしながら、じっくりと懐石を堪能できる。

経験豊かな主人が作る料理は、しごく真っ当な日本料理で、今どきの創作和食とは一線を画す本格派。鳴滝の風を感じながらの京料理は風情満点である。

お昼のミニ懐石 5000 円より（内容は季節によって異なる）。①筍木の芽和え他　②八寸（焼筍・鱒木の芽焼き・蕨烏賊・玉子松風・辛子蓮根）　③筍ご飯

音戸山山荘 京料理 畑善

京都市右京区鳴滝音戸山6-18
（MAP p.109-C）
☎ 075-462-0109（要予約）
営 11:30〜15:00
　17:30〜21:00
休 火曜・第3月曜（祝日の場合は営業）

お昼のメニュー

ミニ懐石	5000 円
	7000 円
	9000 円
すし懐石	6000 円
	9000 円

大きく開かれた客室の窓からは京都の絶景を一望することができる

『鮎茶屋 平野家』の季節の料理

店の名が示すように、鮎料理で名高い店だが、鮎の他にも、四季折々、鄙《ひな》の空気をまとった料理を愉しめ、名物〈しんこ団子〉を手軽に味わえる茶店としても知られている。

京都でも有数の人気を誇る、嵐山嵯峨野界隈《かいわい》を散策して、さてランチはどこで、となればこの店が最適。昔ながらの風情漂《ただよ》う店は趣き深い。

鮎茶屋 平野家

京都市右京区嵯峨鳥居本仙翁町16（MAP p.109-E）

☎ 075-861-0359（要予約）

営 11:30〜21:00（19:00L.O.）

休 無休

P 有

昼のコース夏 8000 円〜。春秋冬 5000 円〜

『萬福寺』の普茶料理

精進料理の一種である普茶《ふちゃ》料理は、ここ『萬福《まんぷく》寺《じ》』からはじまった。「普《あまね》く衆人に茶を施す」という意を持つ普茶料理は、四人で卓を囲み、大皿から取り分けることを特徴とする。

精進料理ながら、中華料理にも似た濃厚な風味を醸《かも》しだすのは、葛《くず》や植物油を多用するからで、しっかりとした満腹感を得られるのも嬉《うれ》しい。

萬福寺

京都府宇治市五ケ庄三番割34（MAP p.109-F）

☎ 0774-32-3900（※予約受付時間9:00〜16:30 コースの予約は2名以上から。普茶弁当・5000円のコースは前日の午前中、7000円のコースは3日前までに要予約）

営 11:30〜14:30（13:00最終入店）

P 有（※拝観料が別途必要・大人500円）

普茶弁当 3000 円。コース 5000 円・7000 円

名所で食べる
テークアウトご飯

『辻留』の季節の折詰

茶懐石を主とし、裏千家御用達の名店としてつとに名高い京都の『辻留《つじとめ》』は、客席を持たず、その料理を味わおうとすれば、出張料理を頼むか、折詰を求めるしかない。駅にも売店はあるが、三条花見小《はなみこう》路《じ》東にある店を訪ねるのが確実。予約の電話を入れて取りに行く。中身を思い浮かべながら胸に抱く幸福感は、何ものにも代えがたい。

辻留

京都市東山区三条通大橋東入三町目16（MAP p.106）
☎ 075-771-1718（要予約）
営 9：00〜18：00（予約受付時間）
休 不定休

季節の折詰 5400 円（写真は花見時の一例
鯛桜葉巻寿司、鱒幽庵焼、木の芽和え　など）

『萩乃家』の竹籠弁当

僕が子どものころから、京都の駅弁といえば『萩《はぎ》乃家《のや》』の名が真っ先に上った。諸般の事情で京都駅の中では買えなくなったが、前日までの予約をし、すぐ近くの店に取りに行けば、懐かしくも美味しい駅弁が味わえる。何種類もあるなかで、一番のお奨《すす》めは〈竹籠《たけかご》弁当〉。器も中身も、よくぞこの値段で、といつも感心しながら味わっている。

萩乃家

京都市下京区東洞院七条下ル2丁目
東塩小路町847（MAP p.108）
☎ 075-361-1301（前日までに要予約）
営 6：30〜18：00
休 1月1日

竹籠弁当 1080 円
その他、精進弁当、新選組ゆかりの幕の内
各 1080 円、加茂川弁当 1620 円　など

『志津屋』のふんわりオムレツサンド

和のイメージが強い京都ながら、都人のパン好きは年季が入っていて、新旧織り交ぜて、京の街にはパン屋が溢《あふ》れている。中で最も古くから都人に愛され続けているのが『志津屋《しづや》』。手ごろな価格ながら、京都らしいパンを愉しめる。出汁巻き玉子を思わせる、ふんわりオムレツを挟《はさ》んだサンドイッチは、はんなりと京都を香らせる。

志津屋

京都市下京区東塩小路高倉町8-3
JR京都駅八条口 アスティロード内
（MAP p.108）
☎ 075-492-5004
営 7:00～22:00
休 無休（※京都駅店の他、各所に22店舗がある）

ふんわりオムレツサンド 500 円。その他、
元祖ビーフカツサンド 530 円　など

『肉専科 はふう』のカツサンド

牛肉好きの京都人にとっては、カツといえばビフカツ。トンカツ以上に愛され続けている。

『肉専科』と称する店だけに、その上質な牛肉には定評があり、美味しい牛肉料理を食べたければこの店に行け、と多くが口を揃《そろ》える。店で食べてもいいが、〈カツサンド〉をテークアウトするのもお奨《すす》め。京都で食べる牛肉は美味しい、を実感する。

肉専科 はふう

京都市中京区麩屋町通夷川上ル
笹屋町471-1（MAP p.109-B）
☎ 075-257-1581
営 11:30～13:30（L.O.）
17:30～21:30（L.O.）
休 水曜

カツサンド 1900 円
その他、極上カツサンド 5000 円　など

『末廣』の箱ずし

長く京都人に愛され続けてきた寿司といえば、箱寿司や棒寿司、ちらし寿司など、折詰にされたものがメインである。つまりはできてから時間が経つほどに味わいが深くなる寿司。寺町二条に古くから暖《の》簾《れん》をあげる『末廣《すえひろ》』の〈箱ずし〉がその典型。

いくらか甘みの勝った酢飯と上にのる具のバランスが絶妙。これぞ京都の寿司である。

末廣

京都市中京区寺町通二条上ル
要法寺前町711（MAP p.109-B）
☎ 075-231-1363
営 11:00〜19:00（売り切れ次第終了）
休 月曜

箱ずし 1350円
その他、あなご箱ずし 1200円、さばずし（1本）4000円、いなりずし 840円　など

出雲路橋付近の賀茂川。写真左手の堤付近が「特等席」。ここから東を見ると正面に比叡山、右手には大文字山をはじめとした東山を望め、春には桜並木の下でお弁当を広げることもできる

テークアウトを食べるならここがいい

京都ならではの美味しい食をテークアウトして、さてそれをどこで食べようか。桜のころなら桜の木の下で。紅葉のころならもみじを愛でながら、お弁当に舌鼓を打つのがいい。四季折々、京都の街では美しい光景が繰り広げられるから、食べる場所に困ることはない。とは言え、神社やお寺の境内では飲食が禁止されているところもあり、人の目を気にしながら、というのも落ち着かない。

京都の真ん中を流れる鴨川堤のベンチに腰かけて、というのが一番のお奨《すす》めだ。できれば御池大橋から北がいい。理想を言えば、高野川と合流する前の賀茂川の右岸。特等席は出雲路橋近辺だろうか。東山の峰々が美しいプロポーションを見せるからだ。

もしくは京都御苑。都人憩《いこ》いの場所である御苑の中には、お弁当を広げるのにふさわしい場所がいくつもある。季節の花々を間近にできるベンチ、緑に囲まれた芝生。お弁当がよりいっそう美味しくなるのは間違いない。

シーズンオフなら、嵐山や嵯峨野、哲学の道といった有名観光地も悪くない。オープンエアの風を感じながらお弁当を広げる。これもまた京都のお昼の愉しみである。

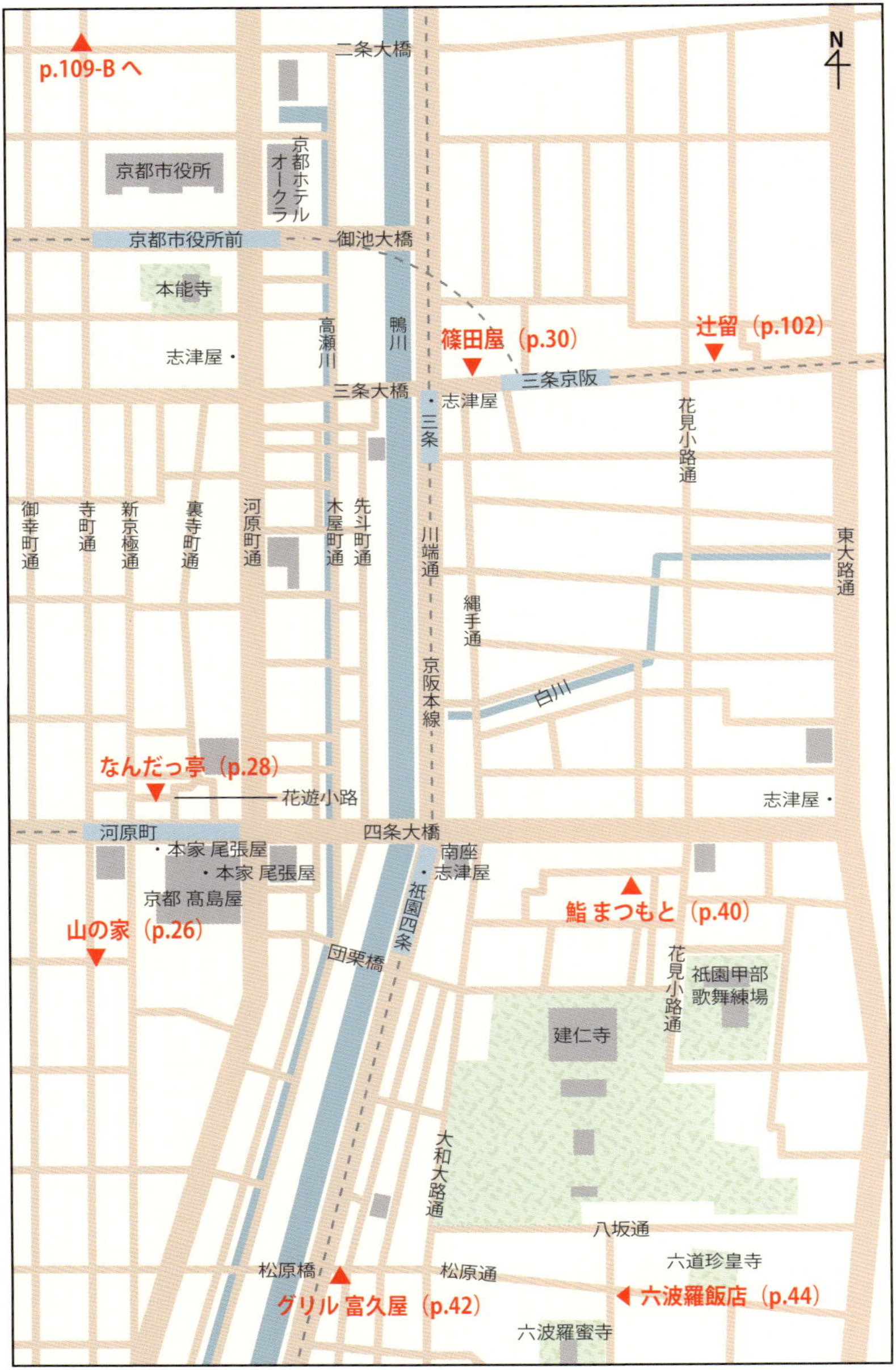

N
p.109-B へ
二条大橋
京都市役所
京都ホテルオークラ
京都市役所前
御池大橋
本能寺
高瀬川
鴨川
篠田屋（p.30）
辻留（p.102）
志津屋・
三条京阪
三条大橋
・志津屋
三条
花見小路通
御幸町通
寺町通
新京極通
裏寺町通
河原町通
木屋町通
先斗町通
川端通
東大路通
縄手通
京阪本線
白川
なんだっ亭（p.28）
花遊小路
志津屋・
河原町
四条大橋
・本家 尾張屋
・本家 尾張屋
京都 髙島屋
南座
・志津屋
祇園四条
鮨 まつもと（p.40）
山の家（p.26）
団栗橋
花見小路通
祇園甲部歌舞練場
建仁寺
大和大路通
八坂通
六道珍皇寺
松原橋
松原通
グリル 富久屋（p.42）
六波羅飯店（p.44）
六波羅蜜寺

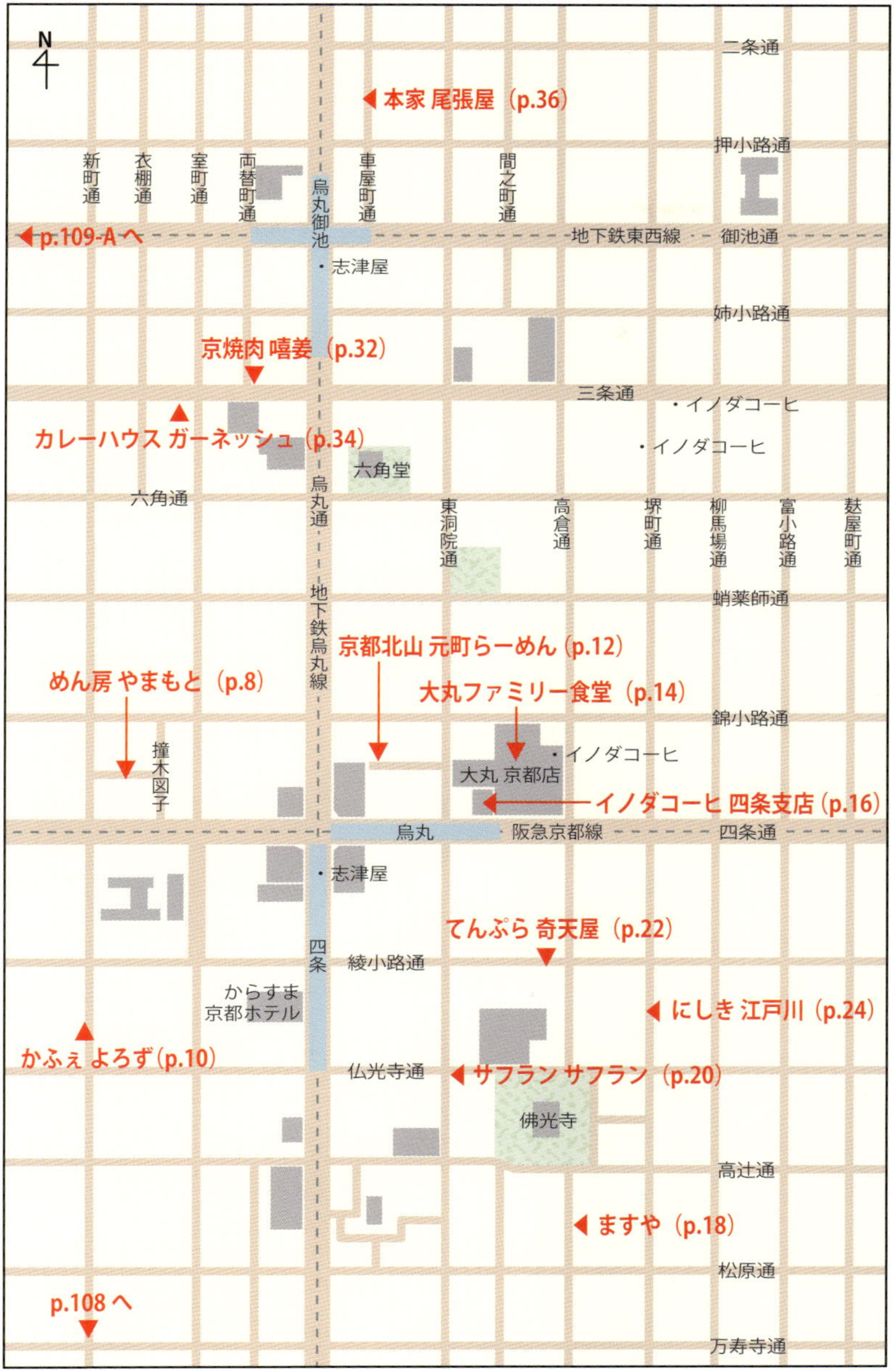
N
二条通
本家 尾張屋（p.36）
押小路通
新町通
衣棚通
室町通
両替町通
烏丸御池
車屋町通
間之町通
p.109-A へ
地下鉄東西線
御池通
志津屋
姉小路通
京焼肉 嘻姜（p.32）
三条通
イノダコーヒ
イノダコーヒ
カレーハウス ガーネッシュ（p.34）
六角堂
六角通
烏丸通
東洞院通
高倉通
堺町通
柳馬場通
富小路通
麩屋町通
蛸薬師通
地下鉄烏丸線
京都北山 元町らーめん（p.12）
めん房 やまもと（p.8）
大丸ファミリー食堂（p.14）
錦小路通
撞木図子
イノダコーヒ
大丸 京都店
イノダコーヒ 四条支店（p.16）
烏丸
阪急京都線
四条通
志津屋
てんぷら 奇天屋（p.22）
四条
綾小路通
からすま京都ホテル
にしき 江戸川（p.24）
かふぇ よろず（p.10）
仏光寺通
サフラン サフラン（p.20）
佛光寺
高辻通
ますや（p.18）
松原通
p.108 へ
万寿寺通

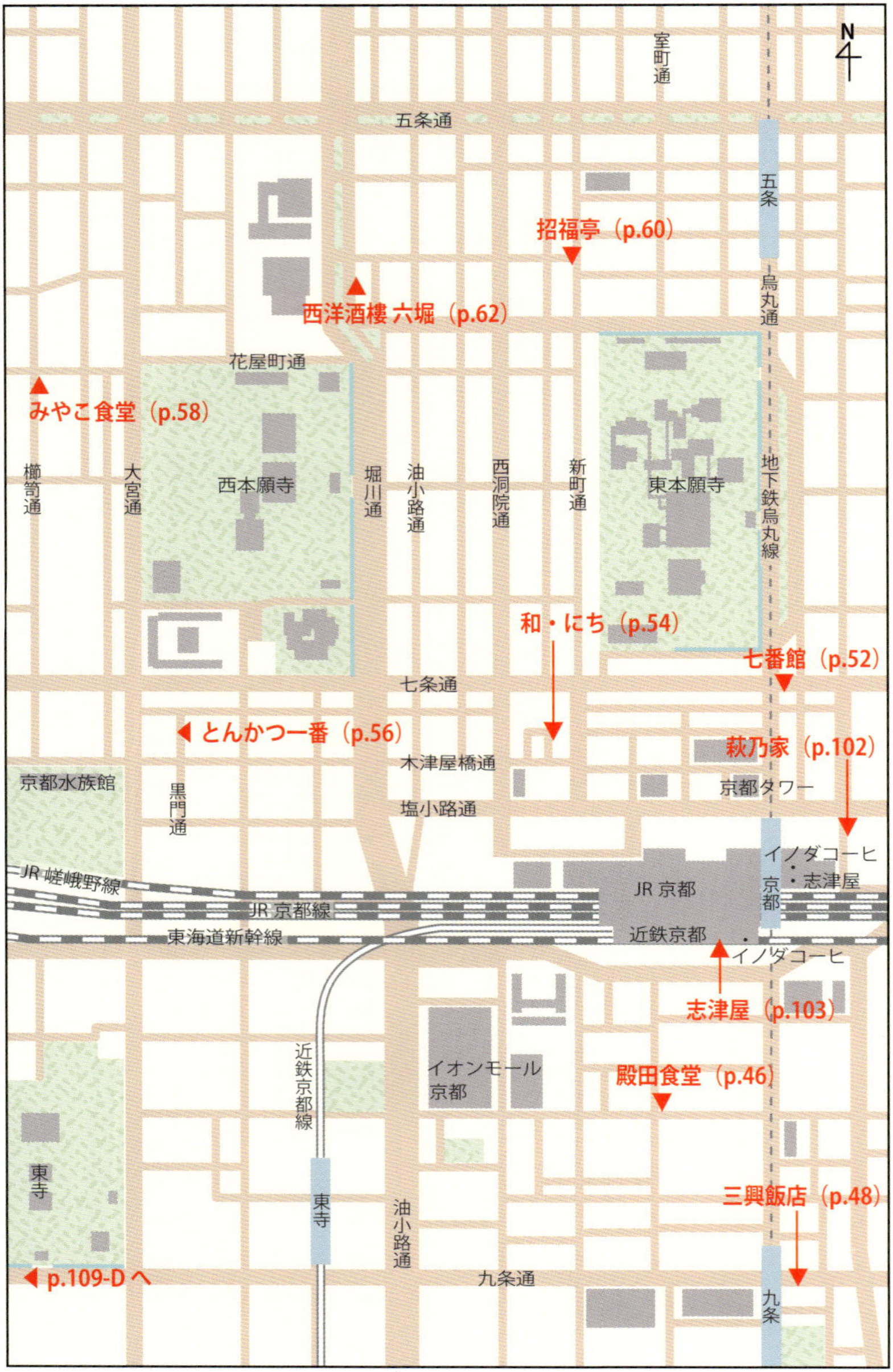

N
室町通
五条通
五条
招福亭（p.60）
烏丸通
西洋酒楼 六堀（p.62）
花屋町通
みやこ食堂（p.58）
櫛笥通
大宮通
西本願寺
堀川通
油小路通
西洞院通
新町通
東本願寺
地下鉄烏丸線
和・にち（p.54）
七番館（p.52）
七条通
とんかつ一番（p.56）
萩乃家（p.102）
木津屋橋通
京都水族館
黒門通
京都タワー
塩小路通
イノダコーヒ
・志津屋
JR 嵯峨野線
JR 京都
京都
JR 京都線
東海道新幹線
近鉄京都
イノダコーヒ
志津屋（p.103）
近鉄京都線
イオンモール
京都
殿田食堂（p.46）
東寺
東寺
油小路通
三興飯店（p.48）
p.109-D へ
九条通
九条

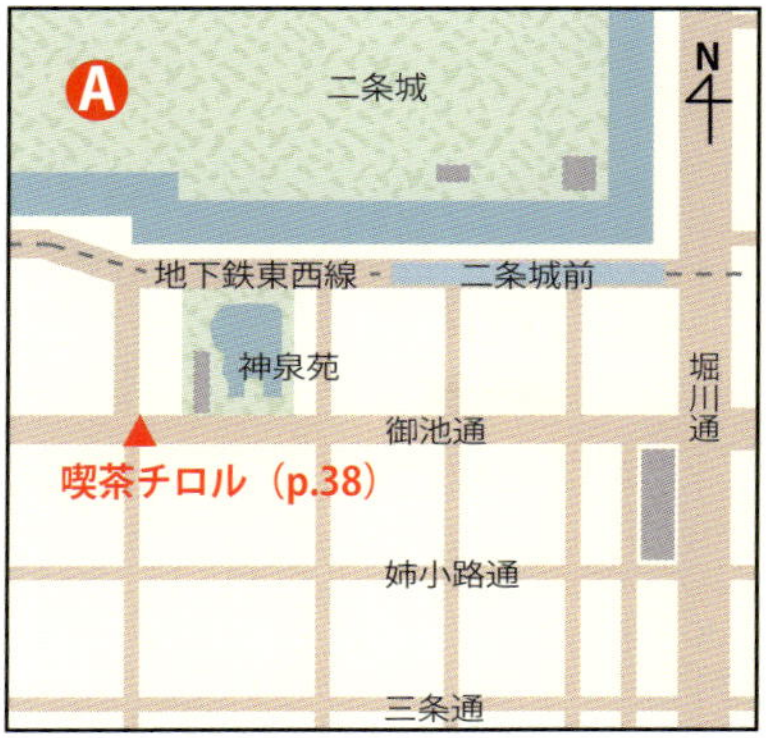
A
N
二条城
地下鉄東西線
二条城前
神泉苑
堀川通
御池通
喫茶チロル（p.38）
姉小路通
三条通

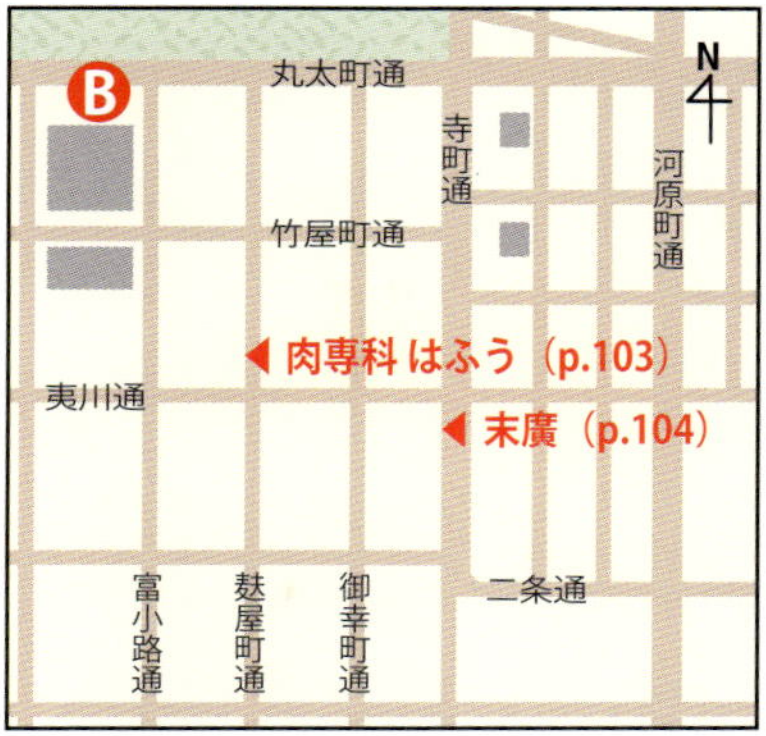
B
N
丸太町通
寺町通
河原町通
竹屋町通
肉専科 はふう（p.103）
夷川通
末廣（p.104）
富小路通
麸屋町通
御幸町通
二条通

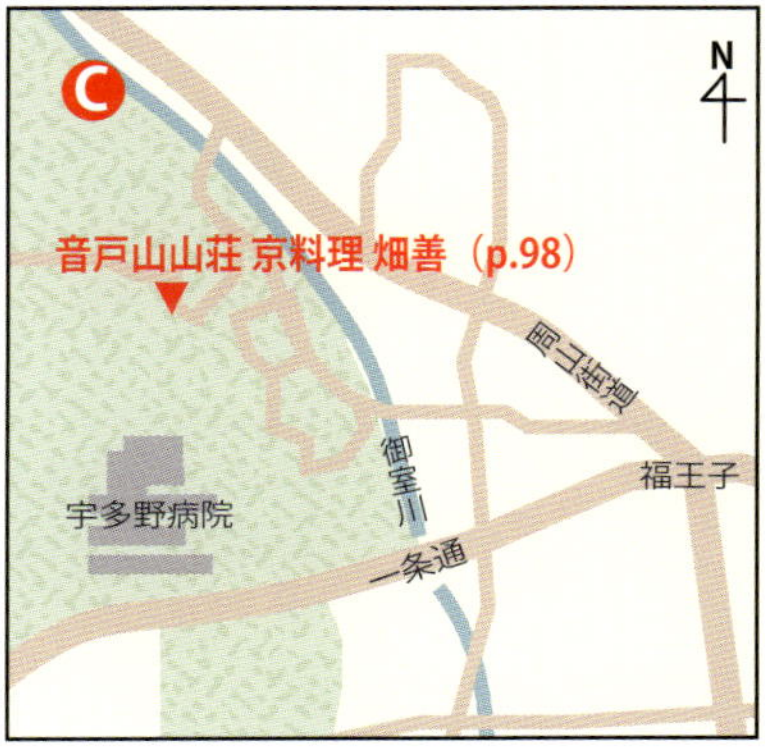
C
N
音戸山山荘 京料理 畑善（p.98）
周山街道
御室川
福王子
宇多野病院
一条通

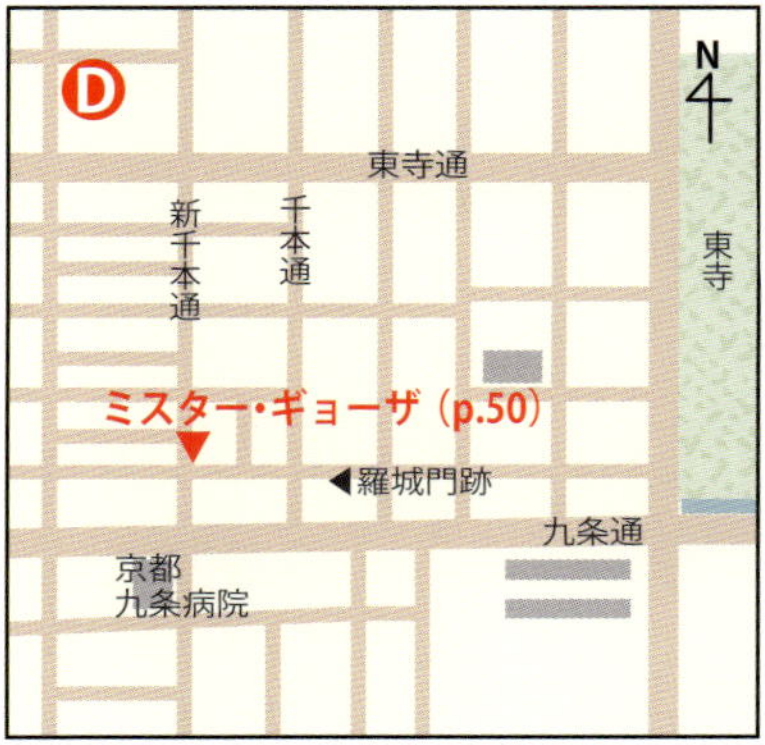
D
N
東寺通
新千本通
千本通
東寺
ミスター・ギョーザ（p.50）
羅城門跡
九条通
京都九条病院

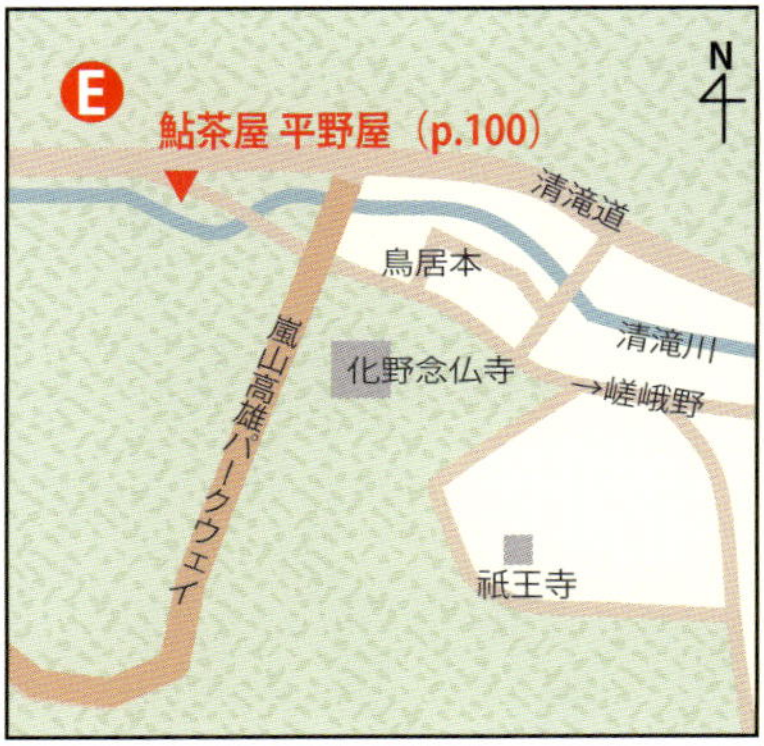
E
N
鮎茶屋 平野屋（p.100）
清滝道
鳥居本
清滝川
嵐山高雄パークウェイ
化野念仏寺
→嵯峨野
祇王寺

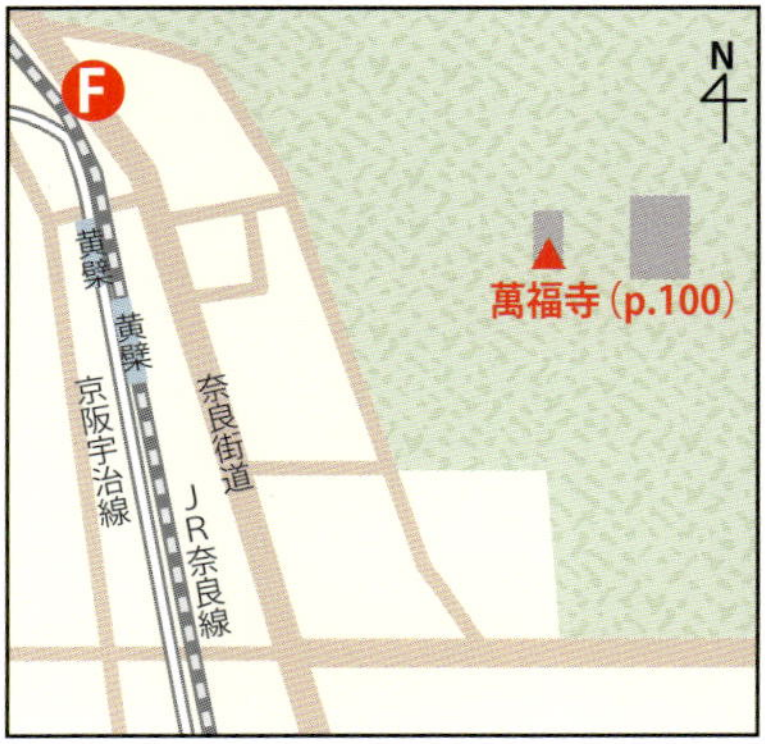
F
N
黄檗
黄檗
萬福寺（p.100）
京阪宇治線
奈良街道
JR奈良線

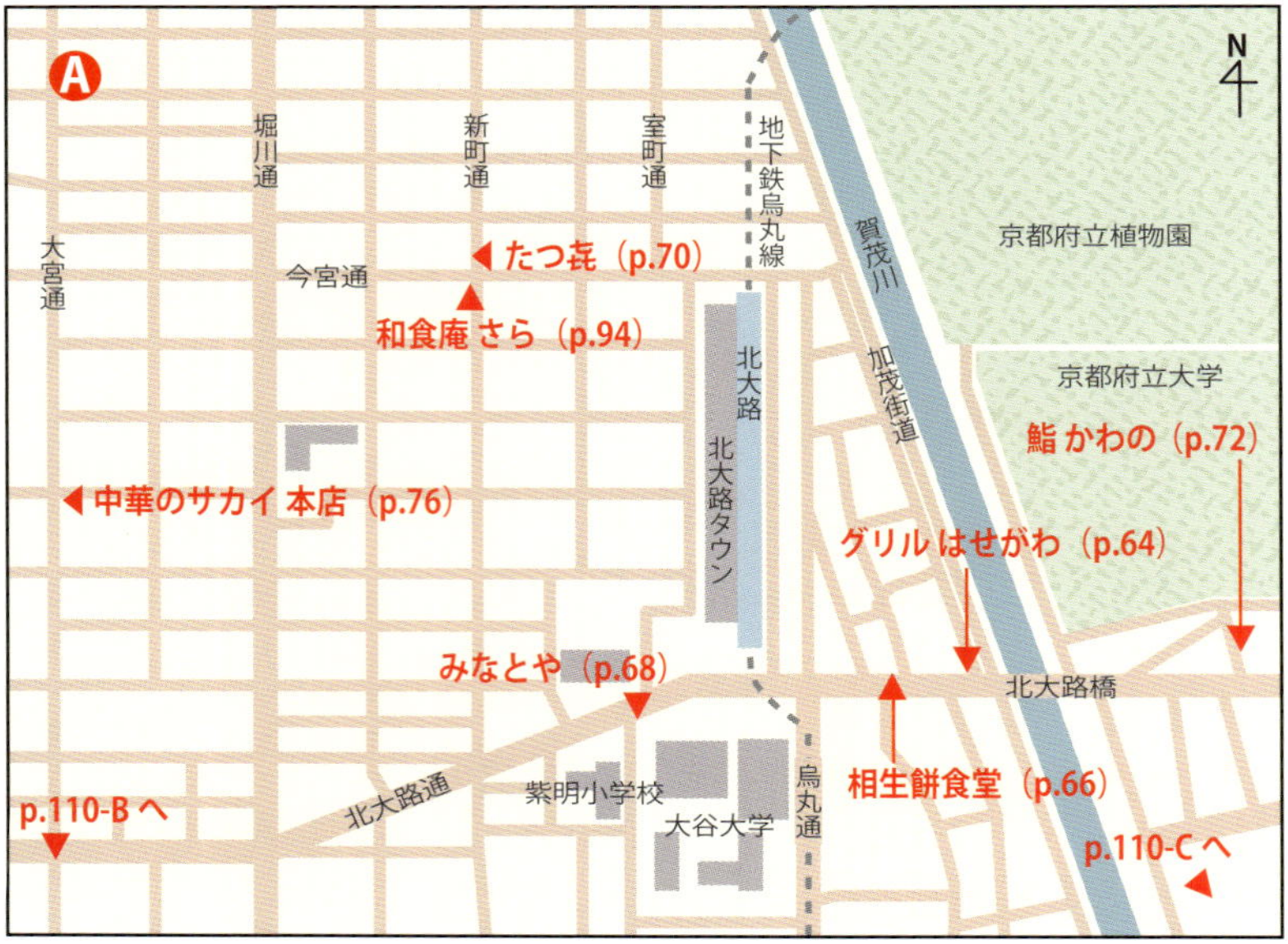
A
N
堀川通
新町通
室町通
地下鉄烏丸線
賀茂川
京都府立植物園
大宮通
今宮通
たつ㐂（p.70）
和食庵 さら（p.94）
北大路
北大路タウン
加茂街道
京都府立大学
鮨 かわの（p.72）
中華のサカイ 本店（p.76）
グリル はせがわ（p.64）
みなとや（p.68）
北大路橋
北大路通
紫明小学校
大谷大学
烏丸通
相生餅食堂（p.66）
p.110-B へ
p.110-C へ

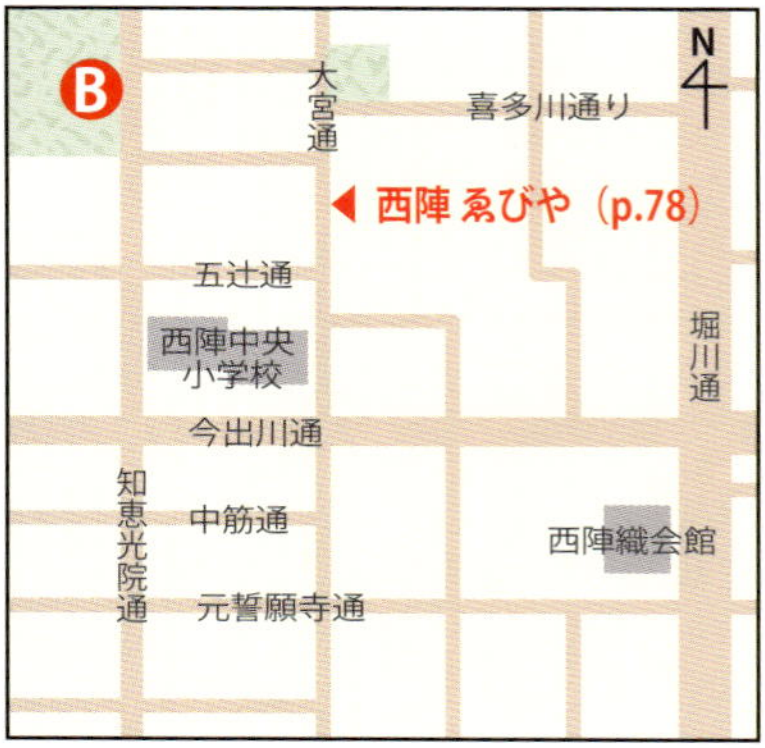
B
N
大宮通
喜多川通り
西陣 ゑびや（p.78）
五辻通
西陣中央小学校
堀川通
今出川通
知恵光院通
中筋通
西陣織会館
元誓願寺通

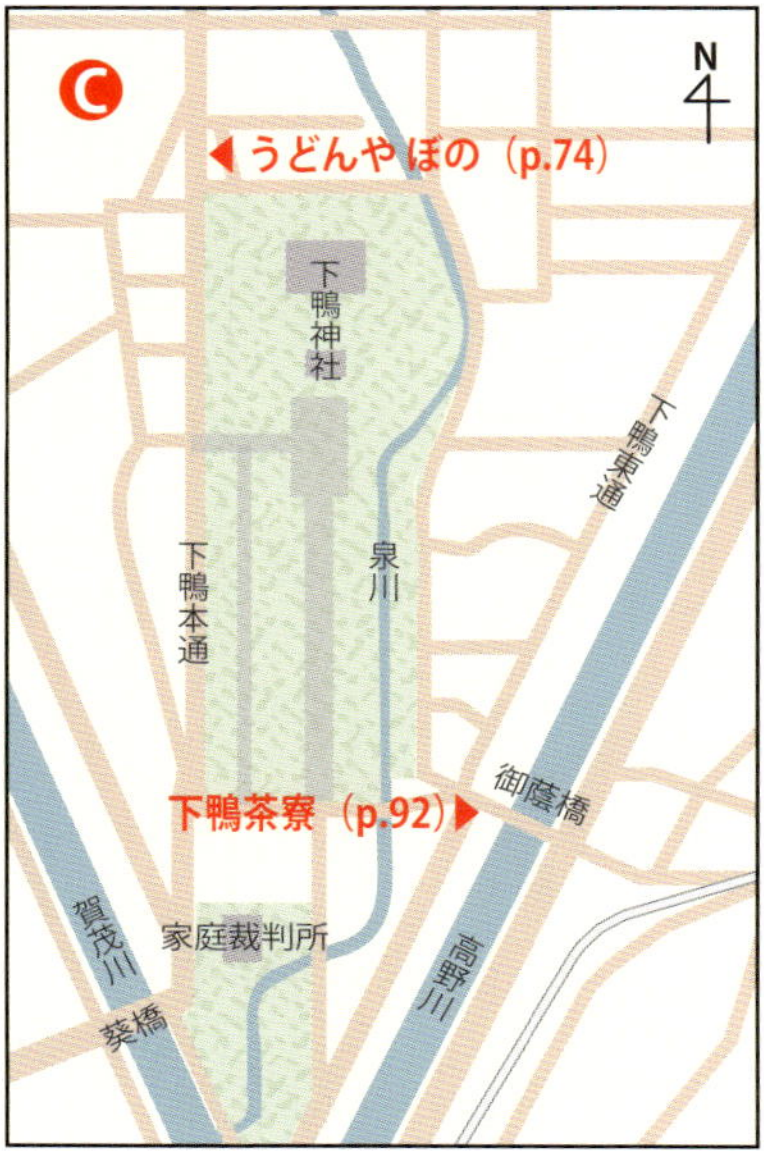
C
N
うどんや ぼの（p.74）
下鴨神社
下鴨東通
下鴨本通
泉川
御蔭橋
下鴨茶寮（p.92）
賀茂川
家庭裁判所
高野川
葵橋

A
N
わら天神宮
蘆山寺通
ビフテキ スケロク（p.80）
西大路通
p.111-B へ
平野神社

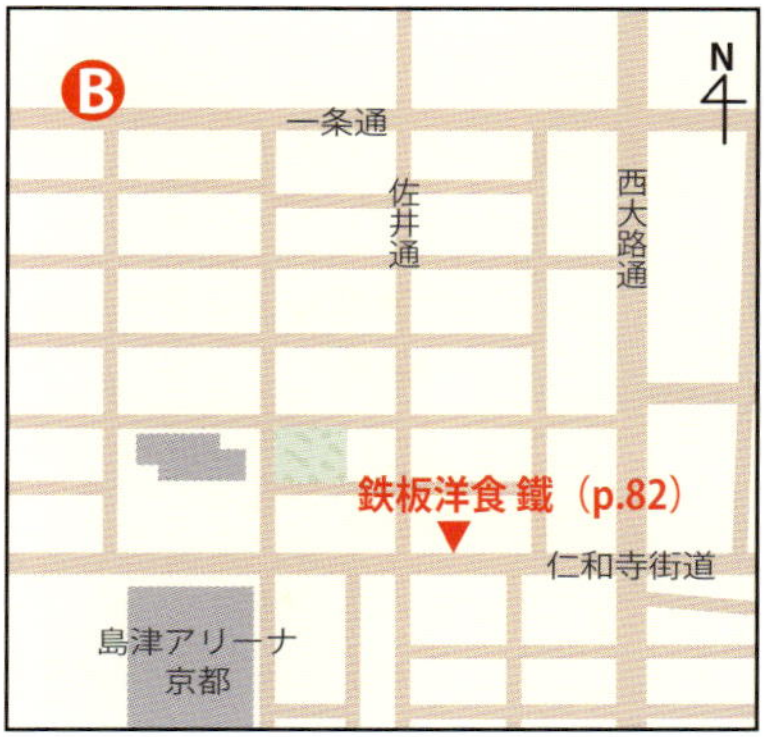
B
N
一条通
佐井通
西大路通
鉄板洋食 鐵（p.82）
仁和寺街道
島津アリーナ
京都

C
N
同志社高校
長代川
宝ヶ池通
エヴァンタイユ（p.96）
地下鉄烏丸線
国際会館

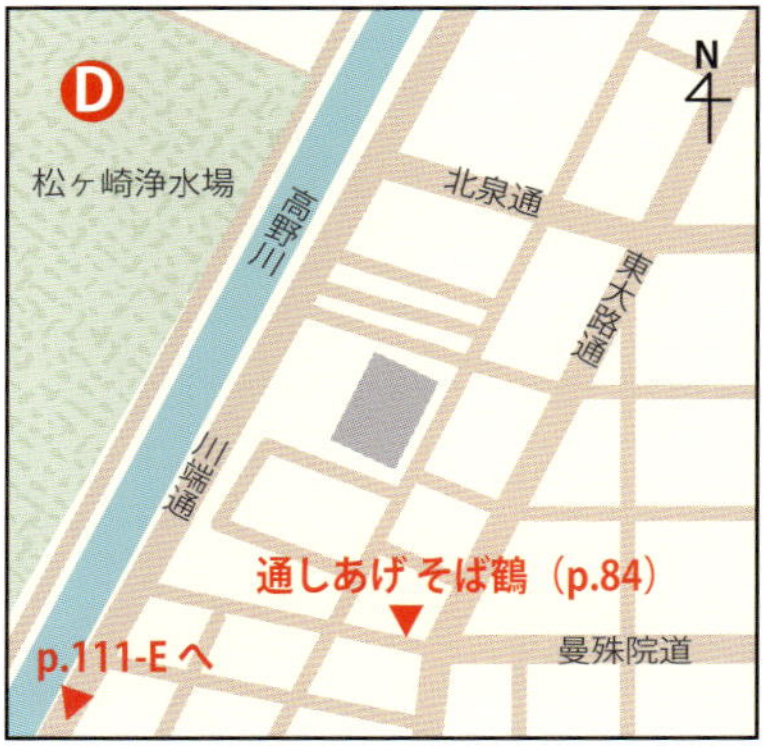
D
N
松ヶ崎浄水場
高野川
北泉通
東大路通
川端通
通しあげ そば鶴（p.84）
p.111-E へ
曼殊院道

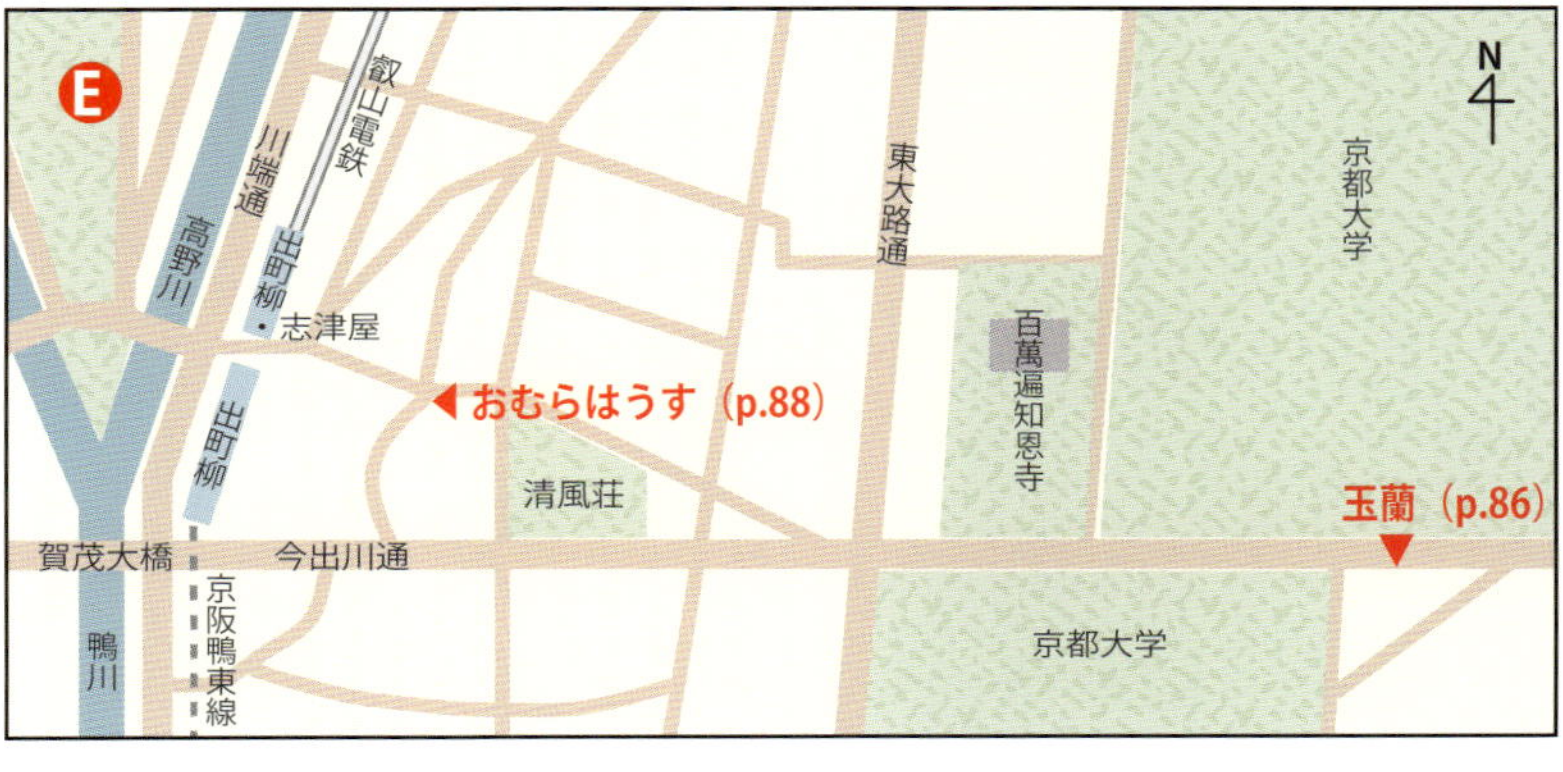
E
N
叡山電鉄
川端通
高野川
出町柳
志津屋
東大路通
京都大学
百萬遍知恩寺
おむらはうす（p.88）
出町柳
清風荘
玉蘭（p.86）
賀茂大橋
今出川通
京阪鴨東線
鴨川
京都大学

柏井　壽
（かしわい・ひさし）

1952年京都市生まれ。大阪歯科大学卒業。京都市で歯科医院を開業する傍ら、京都の魅力を伝えるエッセイや日本各地の旅行記などを執筆。京都関連書籍として『二十四節気の京都』（京都しあわせ倶楽部）、『できる人の「京都」術』（朝日新書）、『おひとり京都の晩ごはん』（光文社新書）、『夏の京都、いただきます』（淡交社）など著作多数。また柏木圭一郎名義で「名探偵・星井裕の事件簿」シリーズをはじめとする推理小説や、本人名義で執筆した『鴨川食堂』（小学館文庫）など小説家としても活躍している。

写真／大喜多政治
ブックデザイン／キャスト・アンド・ディレクションズ

京都人のいつものお昼

2018年4月1日　初版発行

著　者　柏井　壽
発行者　納屋嘉人
発行所　株式会社　淡交社
本社　〒603-8588　京都市北区堀川通鞍馬口上ル
営業（075）432-5151・編集（075）432-5161
支社　〒162-0061　東京都新宿区市谷柳町39-1
営業（03）5269-7941・編集（03）5269-1691
www.tankosha.co.jp

印刷・製本　株式会社ムーブ

ISBN978-4-473-04242-2